혼자서도 잘하는
SNS 마케팅

하루 30분만 투자하면 매출 1,000% 올라가는 오프라인 매장 홍보 전략

혼자서도 잘하는 SNS 마케팅

초판 1쇄 발행 2022년 9월 6일
초판 2쇄 발행 2023년 3월 31일

지은이 최윤진

발행인 백유미 조영석
발행처 (주)라온아시아
주소 서울특별시 서초구 효령로34길 4, 프린스효령빌딩 5F

등록 2016년 7월 5일 제 2016-000141호
전화 070-7600-8230   **팩스** 070-4754-2473

값 19,500원
ISBN 979-11-92072-82-1(03320)

라온북은 독자 여러분의 소중한 원고를 기다리고 있습니다. (raonbook@raonasia.co.kr)

혼 자 서 도 잘 하 는

SNS
마케팅

최윤진 지음

RAON
BOOK

코로나19라는 악재가 우리 삶을 뒤덮은 지 어느새 3년이 지나가고 있다. 그렇다면 코로나19를 겪으며 우리에겐 어떤 변화가 있었을까? 하루 평균 약 995개의 점포가 문을 닫았고, 3차 대유행을 맞았던 2021년 1분기에는 2020년 4분기 대비 18만 2,255개의 점포가 감소했다. 하루 1,500개꼴로 폐업한 셈이다.

옆 가게도 비고, 그 옆 가게도 비고, 어쩔 수 없이 버티는 사람들만 남아 울며 겨자 먹기로 가게를 지킬 수밖에 없는 최악의 상황을 겪었다. 하지만 전국적으로 봉쇄령이 내려진 것은 아니었기 때문에 어쨌든 거리에 사람은 있었고, 그 사람들은 밥을 먹으러, 차를 마시러 어딘가로 들어갔다. 그리고 그 와중에도 거리두기로 비워둔 자리를 빼고는 두 명이 짝을 이뤄 앉은 테이블이 만석이라고 할 정도로 꽉 찬 곳이 있었고, 손님들이 줄을 서는 가게에는 여전히 긴 줄이 있었다.

폐허가 된 땅에도 잡초는 남아 있고 전쟁통에도 살아남는 사람이 있듯이, 죽어가는 시장에서 자신만의 생존 비법으로 살아남는 사람은 있었다. 그뿐만 아니라 오히려 호황을 맞은 업체도 있었으며, 그들이 시장에서 살아남기 위해 공략한 곳은 바로 온라인이었다.

코로나19로 인해 사람들은 오프라인보다 온라인을 더욱 선호하게 되었다. 5년여 사이에 은행 지점이 1,000여 개가 사라졌고, 시중 5대 은행은 2021년 200개가 넘는 점포를 폐쇄할 예정이라고 발표했다.

이제 사람들은 상품 하나를 구매해도 직접 방문하기보다는 온라인을 찾으며, 밥 한 끼를 먹어도 동네를 돌아보며 찾기보다 휴대폰을 열어 먼저 검색한다. 여기에 찾아온 코로나19는 온라인 시장을 더욱 키우며 비대면 사회로의 움직임을 가속화했다. 가뜩이나 불붙은 온라인 광고 시장에 부채질을 하게 된 격이었다.

시간이 지나면서 외부에서는 마스크를 벗어도 될 만큼 점차 일상으로 복귀하게 되었고 이른바 '위드 코로나' 시대를 맞이했지만, 이미 온라인의 편의성에 길들여진 고객들이 오프라인의 불편함으로 다시 돌아갈 리는 만무하다. 60대인 나의 부모님도 코로나19 시기를 거치며 인터넷뱅킹을 시작하셨고, 배달의 편리함에 푹 빠져들어 이제는 오픈마켓에 접속해 장을 보시며, 무거운 짐을 들고 귀가해야 하는 장보기와는 사실상 결별하셨다.

온라인에서 정보를 찾는 수요는 더 많아졌고, 온라인에 노출을 원하는 공급자들 사이에는 피 튀는 전쟁이 진행되고 있다고 보아도 과언이 아니다. 이 전쟁은 끝나지 않을 것이며, 시간이 지날수록 온라인 세상은 더욱 오프라인 세상을 장악할 것이다.

그와 함께 예전에는 매출 상승을 위한 부수적인 매개체였던 온라인 광고가 이제는 필수가 되었다. 사업을 하는 사람이라면 나이가 많든 적든, 온라인 광고를 알든 모르든 어쩔 수 없이 해야 하는 상황이 된 것이다. 이것이 애프터 코로나 시대의 명백한 현실이다.

나는 4년여간 광고 사업을 해오면서 많은 클라이언트와 광고회사들을 만났다. 내 휴대폰에 저장되어 있는 3천여 곳의 거래처 중에는 휴대폰으로는 전화 통화밖에 할 줄 모르는 나이 지긋하신 사장님도 있고, 체험단으로 방문한 파워블로거들에게 본인 매장의 특장점을 담은 가이드를 직접 건네는 열정 가득한 젊은 사장님도 있다.

나는 꽤나 양심적으로 광고 영업을 해왔기 때문에 후자의 젊은 사장님께 "상위 노출이나 알고리즘 분석은 어려워도 인스타그램 관리 같은 건 대행업체에 맡기면 금액이 비싸니까 사장님이 직접 해보시는 건 어때요?"라고 이야기했던 적이 있다. 그런데 그렇게 이야기하면 돌아오는 대답은 거의 비슷했다.

"시간이 없어서요."

"전문가가 아니라서요."

"할 줄 몰라서요."

이 대답은 반은 맞고, 반은 틀린 이야기이다.

마케팅과는 전혀 관련이 없는 중국어통번역과를 졸업하고 뒤늦게 온라인 광고 시장에 뛰어든 나는 광고 시장에 대해 알기 위해 시간을 투자했고, 사장님들보다는 더 빠르고 효율적으로 광고를 할 수 있는 방법을 알고 있다. 그리고 전문가가 되기 위해서는 그만큼의 시간을 투자해야 하는 것이 당연하다. 그러나 할 줄 모른다는 것은 시도해 보지 않았기 때문에 하는 말이다. 내가 본 몇몇 사례 중에는 직접 SNS를 관리해서 매출을 100배 가까이 올리는 등 사업이 번창하고, 스스로 인플루언서까지 된 사업자들도 있다. 결국 시작하지 않았기 때문에 할 줄 모르는 것이다.

패턴이 짜여 있는 광고회사의 전문적인 콘텐츠가 아니라 사장님들의 진정성을 담은 콘텐츠는 오히려 고객의 마음을 더 움직일 수 있다. 따라서 조금만 공부하고 시작한다면 본인의 루틴을 만들어 짧은 시간을 들여서도 충분히 SNS를 관리할 수 있다. 오프라인 가게에 들이는 정성과 시간의 100분의 1, 아니 1,000분의 1만 들여도 온라인에 매장을 만들 수 있고, 온라인 매장으로 이끈 손님을 오프라인 고객으로 만들기에 충분하다.

이 책을 쓰는 데에는 인하우스 마케터로 회사에 소속되어 일을 하고 있던 내게 코로나19 기간 중 연락을 해온 사장님들의 목소리가 마중물 역할을 했다. 회사에 몸담고 있었기에 다시 광고를 진행하고 싶다는 사장님들의 니즈를 충족시켜드릴 수는 없었지만, 그 목소리에 담긴 간절함과 코로나19로 지쳐 있는 마음을 그냥 지나칠 수 없었다.

위드 코로나, 애프터 코로나 시대를 이야기하고 있는 지금, 이제까지 온라인 광고를 하지 않았다면 당연히 시작해야 한다. 이미 하고 있었다면 마케팅 예산을 증가시켜서라도 온라인 광고 전쟁에 뛰어들어야 한다.

물론 혼자 시작하는 것도, 예산을 쏟아 붓는 것도 쉬운 일은 아니

다. 그래서 이 책을 통해 독자들께 두 가지를 명확하게 알려드리고자
한다.

첫째, 혼자서도 최대한 할 수 있도록 온라인 광고의 전반적인 실
전 스킬을 공유할 것이다.

무조건 검색 시 상위 노출이 정답인 시대는 지나갔다. 고객은 점
점 더 똑똑해지고 있으며, 콘텐츠의 질과 진정성을 파악하여 선택한
다. 이제 고객은 '모두가 아는' 좋은 상품보다는 '나만 아는' 좋은 상품
을 찾아 발굴하고, 때로는 스스로 광고매체가 되어 홍보해 주기도 한
다. 그렇기에 투박해도 진정성 담긴 사업주의 콘텐츠는 존재감을 가
질 수 있고, 그만큼 충성 고객, 단골 고객을 확보하는 매개체가 될 수
있다. 손쉽게 먹을 수 있는 짜장라면이 아니라, 마니아층을 형성할
수 있는 수타면 같은 가치를 가질 수 있는 것이다.

계정을 만드는 방법이나 콘텐츠를 만드는 방법, 콘텐츠를 등록하
고 팔로워를 만들고 관리하는 방법 등은 하루 30분만 투자하여 책을
읽고, 하루 30분만 투자하여 잘 따라오면 자연스럽게 익힐 수 있다.

둘째, 광고회사에 맡겨야 하는 상황이라면, 어떻게 맡기고 어떤 회
사에 맡겨야 하는지 구분하는 방법을 알려줄 것이다.

나는 있어 보이는 멋진 화술이나 수려한 말빨을 가진 건 아니다.
그러나 수수료에 따라 움직이고, 계약을 하기 위해 말도 안 되는 영
업을 하는 영업사원들을 겪어보았기에 영업사원을 따로 채용하지 않
고 직접 다니며 영업을 해왔다. 하지만 많은 광고회사들이 영업사원
을 별도로 두고 있으며, 직접 광고를 운영하는 직원들과 달리 영업사

원은 실무에 대해 전혀 알지 못하는 경우도 허다하다. 그렇기에 받기로 한 광고 서비스를 제대로 받지 못하거나, 그만둔 영업사원에게 책임을 전가하는 광고대행사 때문에 피로감을 느끼는 사장님들도 많이 보았다. 그중에는 제대로 환불을 받지 못했다고 계약서를 보여주며 하소연하는 사장님들도 있었다. 실제로 광고회사를 운영할 때 사장님들이 내게 가장 많이 보여줬던 서류도 사업자등록증 다음으로 타업체와의 광고대행 계약서였다.

광고회사에 광고대행을 맡기기 위해서는 이 회사가 내 업종에 대해 전문성을 갖고 있는지, 신뢰할 수 있는 업체인지를 먼저 확인하고, 계약서를 꼼꼼히 검토해야 한다. 또한 광고에 대한 리포트도 볼 줄 알아야 한다. 그래야 억울한 일을 겪지 않는다.

나는 광고회사를 운영하며 많은 사장님들과 교류하였고, 한편으로는 카페를 창업했던 경험으로 사업이라는 것이, 또 장사라는 것이 얼마나 신경 쓸 것이 많고, 힘든지 누구보다 잘 알게 되었다. 그렇기에 대한민국의 모든 자영업자를 존경하며, 모든 사업자들이 고생한 만큼의 매출을 내고 부를 축적하기를 바란다.

어떤 사업자라도 퇴근 후 30분 정도는 TV를 보거나 휴대폰을 보면서 조금은 느슨하게 여유를 갖고 싶은 시간이 있을 것이다. 하루에 그 30분만 이 책에 투자하길 바란다. 그래서 시간을 매출로 바꾸고, 모든 사장님들이 1,000% 이상의 매출을 올리게 되기를 간절히 기도한다.

최윤진

4장 이것까지 알면 매출 5배 오른다, 하루 30분 업!

5장 네이버로 바로 매출 1,000% 상승 노하우

6 장 SNS 바로 매출 1,000% 상승 노하우

1장

당신만 모르는
잘되는 가게들의
하루 30분 마케팅

♥1117

애프터 코로나 시대에
살아남는 하루 30분의 기적

> ### 전쟁 속에서도 살아남는 가게는 어느 시대에나 있었다

내가 어릴 때만 해도 아이들은 학교가 끝나면 가방을 던져놓고 놀이터로 뛰어나가 친구들과 놀기 바빴다. 얼음땡, 다방구, 도둑과 경찰, 무궁화꽃이 피었습니다 등의 놀이를 하면서 장난감 하나 없이도 해가 질 때까지 뛰어놀다, 느지막이 집에 들어가 급하게 숙제를 하고 잠이 들곤 했다.

그러나 지금 우리 아이들은 이런 추억을 가질 수 없다. 학교가 끝나면 학원에 가고, 늦은 밤까지 공부할 수밖에 없는 치열한 경쟁 아래 놓여 있다. 그렇게 쉼 없이 달려 대학에 간다 하더라도 졸업하면 또 취업난에 시달리며 취업 전선에 뛰어들어야 하고, 취업을 하고도 좀처럼 안정감을 가질 수 없다. '평생직장'이라는 말은 없어진 지 오래다.

그렇기에 취업보다는 자영업이나 사업을 택하는 젊은이들도 많아졌다. 통계청에 따르면 2021년 30대 미만의 청년들이 창업한 기업은 2020년에 비해 18.7% 증가한 반면, 취업자 수는 4.7% 감소했다고 한다. 2030세대는 점점 취업이 아닌 창업으로 직진하고 있으며, 이제는 창업 시장도 취업 시장만큼 경쟁이 높아지고 있다.

사업은 잘만 한다면 직장인보다 많은 돈을 벌 수 있고, 정년퇴직이 없다는 강점이 있다. 그러나 경쟁이 치열해진 지금의 상황에서 창업을 하려면 금전적인 투자가 필요한 것은 물론이거니와, 많은 준비를 하고 창업했다 하더라도 성공 여부가 불투명하다.

한편으로는 같은 메뉴의 음식점이 동네에 수십 개 있을 만큼 포화상태이지만, 그럼에도 잘되는 곳들은 독보적으로 살아남아 있다. 맛과 서비스가 상향 평준화된 지금, 그들이 살아남을 수 있는 이유는 마케팅에 있으며, 실패하는 원인도 마케팅에 있다.

가게를 알리는 것, 고객을 만드는 것, 또 실패한 마케팅으로 고객을 떠나게 하는 것. 그야말로 자영업 성공의 키는 마케팅에 달려 있다 해도 과언이 아니다.

지금은 마케팅 전쟁 시대

포화상태인 자영업 시장에 불어닥친 코로나19라는 시련은 많은 이들을 절망하게 했다. 많은 자영업자들이 줄줄이 폐업했고, 그 많던 상점들도 문을 닫았다. 불야성이던 강남역 주변에도 문 닫은 가게가 즐비하고, 전국 각지의 먹자골목들은 유령도시처럼 휑한 거리가 되었다.

그러나 모든 곳이 문을 닫은 것은 아니었다. 정부의 '2인 이상 집합금지' 방침이 있던 시기에도 빈틈없이 손님이 들어찬 곳은 있었다. 그런 가게들은 어떻게 지속적으로 고객을 유지할 수 있었던 것일까? 그리고 살아남은 가게와 그렇지 못한 가게의 차이는 무엇일까?

살아남은 가게의 고객은 둘로 나눌 수 있다. 꾸준한 단골과 신규 고객. 단골은 한번 방문한 신규 고객의 재방문으로 만들어진다. 그리고 신규 고객은 가게 문을 열어놨다고 그냥 들어오는 것이 아니다. 스스로를 돌아보면 쉽게 알 수 있다. 오늘 당장 저녁 약속이 있다면 약속 장소는 어떻게 찾아보는가? 메뉴의 가격, 주차 가능 여부 등의 정보는 무엇을 통해 알아보는가? 내가 휴식을 갖는 시간에는 주로 어떤 것을 보며 시간을 보내는가?

우리는 이미 답을 알고 있다. 이것이 온라인 마케팅의 중요성이다. 살아남기 위해서는 가장 먼저 나의 매장을 알리는 게 급선무이다. 그런 다음 매력적인 콘텐츠로 고객을 끌어당겨야 한다. 온라인 마케팅은 이 두 가지 측면에서 가장 효과적이고 빠른 수단이 되었다.

코로나19가 휩쓸고 간 지금, 많은 사람들이 떠난 자영업 시장은 폭풍 전야와 같다. 폐업을 선택했던 자영업자들과 코로나19로 타격을 입은 자영업자들이 다시금 일어나기 위해 재정비를 하고 있다. 매수세가 줄어든 부동산 시장에서도 상가 문의만은 빗발치게 밀려오고 있다고 한다. 이렇게 자영업 시장은 다시 활기를 찾아가고 있기에, 마케팅 시장 역시 머지않아 경쟁이 치열해질 것이다. 전쟁과 같은 치열한 경쟁에서 살아남기 위해서는 지금부터 총구를 닦고 준비해야 한다. 그렇다면 온라인 마케팅을 어떻게 준비하고 시작해야 할까?

하찮게 시작하라

우리는 모두 하루 24시간을 사용하며 살고 있다. 똑같이 하루에 주어진 시간을 그냥 흘려보내는지, 계획적으로 활용하는지에 따라 한 달이 바뀌고, 인생이 바뀌기도 한다.

내가 초등학교 5학년 때, DJ DOC의 〈DOC와 춤을〉이라는 노래가 길거리에 흘러나오던 무렵이었다. 아버지께서 방학을 맞은 나에게 방학 동안 무엇을 할 것인지 물어보신 적이 있었다. 아무 생각 없이 "신나게 놀 거예요!"라고 대답한 나에게 아버지는 방학 동안 무엇이든 한 가지라도 배우라고 하시며, 무엇을 배울지 계획을 세워오라고 하셨다.

공부? 운동? 친구들과 놀 궁리만 하던 나는 젓가락질을 배우겠다고 말씀드렸다. 그때까지 나는 젓가락을 모아 주먹 안에 쥐고, 엄지손가락으로 젓가락을 움직이는 희한한 방법으로 젓가락질을 하고 있었기 때문이다. 곰곰이 생각하시던 아버지는 그렇게 하라고 하셨고, 그때부터 나는 하루 세끼 밥을 먹을 때마다 불편함을 감수하며 정석대로 젓가락질을 하기 위해 노력했다. 서투른 젓가락질로 식사 시간은 길어졌지만, 그 결과 제대로 젓가락질을 할 수 있게 되었다.

방학이 끝나고 만난 친구들 중에는 수영을 배웠거나, 여행을 다녀왔거나, 놀랍도록 영어 실력이 늘어서 돌아온 친구도 있었다. 그 친구들에 비하면 시간을 알뜰하게 활용했다고 할 수는 없지만, 방학 내내 밥 먹을 때마다 수고스러움을 감수하며 노력한 그 시간이 없었다면 나는 어른이 된 지금도 우스꽝스러운 젓가락질을 하고 있을지도 모른다. 젓가락질을 못 해도 밥은 먹을 수 있지만, 수고스러움을 감수하고 배우려고 노력했기에 그 시간이 쌓여 결국 제대로 해낼 수 있었던 것이다.

SNS 마케팅도 그렇다. 지금부터라도 시작한 사람과 그렇지 않은 사람은 시간이 지난 뒤 마케팅 시장을 보는 눈이 달라져 있을 것이고, 매출 역시 판이하게 달라져 있을 것이다.

거창한 계획은 필요 없다

젓가락질과 같이 가벼운 습관을 고치는 것을 포함해, 무언가를 이루기 위해 달려가는 과정에서 우리는 시간을 투자해야 한다. 그러나 시간을 투자한다는 말부터 거창해서 엄두를 내기 어렵다. 시작하기 위해서는 무언가 대단한 결심을 해야 할 것만 같고, 정확한 계획을 세워야 할 것만 같은 생각이 든다. 그러나 현실은 다르다. 거창한 계획과 대단한 결심으로 시작해야 한다면 준비 과정에서 부터 지치기 마련이다.

누구나 한 번쯤은 다이어트를 결심해봤을 것이다. 다이어트를 계획한다면 보통 어떤 운동을 할 것인지 고민하고, 만일 필라테스를 하기로 정했다면 필라테스 센터를 검색하여 찾아보고, 방문하여 상담을 받고 등록하는 등의 준비를 한다. 필라테스 복장과 양말을 구매하고, 센터에 가져다 놓을 샤워용품을 구매하는 것은 물론, 다이어트 도시락과 다이어트 셰이크까지 구매하며 큰 결심을 한다. 최후의 만찬처럼, 마지막으로 맛있는 음식을 실컷 먹는 것까지 전체 다이어트 계획 중 하나의 절차이다.

그러나 모든 준비가 완벽하게 끝났다 하더라도 막상 시작하면 게으름을 못 이겨 시간을 흘려보내고, 비싸게 구매한 운동 회원권을 제대로 사용하지도 못하고 날려버리는 경우도 허다하다.

다이어트를 하려거든 지금 당장 트레이닝복을 대충 챙겨 입고 나가서 동네를 한 바퀴 뛰고 오면 된다. 준비도 필요 없고, 결심도 필요 없다.

그렇게 일단 동네를 한 바퀴 돌고 오면 무언가 해냈다는 뿌듯함이 들 것이다. 다음 날도 그다음 날도 그냥 나가서 뛴다. 만약 시간이 여의치 않다면 일주일에 두세 번이라도 하면 된다. 계획은 제쳐두고 먼저 일어나서 움직이는 것이 중요하다.

조금씩 실천하라

일단 시작했다면 욕심내지 말고 조금씩 실천하는 것이 좋다. 사람은 본래 누구나 자존감을 갖고 태어난다. 그래서 남에게 무시를 당하면 화가 나고, 자신의 계획이 틀어지면 실망하게 된다. 스스로세운 계획을 실천하지 못하는 상황이 반복되면 자신에게 실망하고, 자존감과 자신감도 하락하게 마련이다. 그렇게 반복하다 보면나중에는 시도조차 하지 않는 상황이 올 수도 있다. 그렇기 때문에가볍게 시작한 만큼 실천도 가벼운 마음으로 하는 것이 좋다. 지나치게 높은 목표를 잡으면 지치기 마련이다.

하루 30분이라는 시간은 가볍게 실천하기에 적절한 시간이다. 인터넷을 찾아보면 하루 30분 영어공부, 하루 30분 걷기의 효과, 하루 30분 주식공부 등 하루 30분씩 투자해 성과를 낼 수 있다는 다양한 내용의 글과 책들이 넘쳐난다. 그만큼 30분이라는 시간은 가볍게 실천하면서도 효과를 볼 수 있는 시간이다.

만약 30분도 투자하기 힘들다면 10분씩이라도 투자하는 것으로 계획을 잡자. 10분이라는 시간은 휴대폰으로 웹툰을 보거나 화장실에 앉아 있기만 해도 순식간에 지나가는 짧은 시간이다.

첫 시작은 이 책에서 소개한 방법들을 실행에 옮기는 것으로 잡아보자. 책은 잠자리에 누운 채로 읽어도 된다. 피곤해서 오늘만큼은 넘어가고 싶은 생각이 들더라도 단 10분만 투자한다는 생각으로 읽고, 하루 10분씩만 실천해 보는 것이다. 딱 10분만 휴대폰을 조작하거나 컴퓨터 앞에 앉아 있겠다는 생각으로 일어나 실행해 보자.

10분이라는 시간은 생각보다 짧으므로 가벼운 마음으로 시작하면 된다. 그렇게 실천하다 보면 10분이 30분이 될 것이고, 그 이상이 될 것이다. 투자한 시간에 대해 성과로 보상받는다면 투자하는 시간은 자연히 늘어날 것이고, 실력도 쌓여 더 가치 있는 시간을 만들게 될 것이 분명하다.

루틴은 필요하다

가벼운 마음으로 여기서 소개하는 내용을 하나하나 따라가며 자신의 SNS를 키워가기 위한 실천을 시작해 보자.

물론 매출을 올리기 위해 열심히 공부하고, 배우고 실천하여 목표로 하는 매출을 달성하겠다는 굳은 마음을 먹고 해나간다면 더욱 큰 성과를 낼 수 있다. 그러나 자영업을 계속한다면 그 기간 동안 꾸준히 같이 이루어져야 하는 것이 바로 마케팅이다. 마케팅 역시 단거리 달리기보다는 마라톤에 가까우므로, 지치지 않기 위해서는 페이스 조절이 필요하다. 또 지속적인 마인드 콘트롤이 중요하다.

또한 아무리 가벼운 마음으로 편하게 시작했다 하더라도 한 가지 지켜야 할 것이 있다. 내가 이 SNS 마케팅을 위한 실천을 언제 할 것인지, 정확한 루틴이 필요하다.

자영업을 운영하면 가게의 오픈 시간과 마감 시간, 휴식 시간을 정하게 된다. 그래야 고객이 그 시간에 맞춰서 올 수 있기 때문이다.

SNS 마케팅도 마찬가지다. SNS 마케팅을 시작하면서 온라인에 상점을 하나 더 개업한다고 생각하면 쉽다. 온라인 상점 역시 오프라인 상점처럼 비슷한 시간에 글이 업로드 되고, 고객관리 차원의 댓글 역시 비슷한 시간에 달아주는 것이 좋다. 웹툰이 지정된 날짜에 업로드 되는 것과 같은 이치이다. 이는 구독자나 팔로워를 유지하기 위한 고객관리 차원에서도 중요하지만 스스로 루틴을 잡기 위해서도 필요하다.

매일 같은 시간 찾아오는 손님이 오지 않는다면 궁금하기도 하고 허전하기도 할 것이다. 이러한 루틴을 유지하며 SNS 마케팅을 지속한다면 나의 팔로워들은 우리 가게를 궁금해할 것이고, 나 역시 그 시간에 해야 할 일을 하지 않았다는 허전함을 느끼게 될 것이다. 앞서 말했듯 지속적으로 마라톤을 하기 위해서는 나를 위해서라도 루틴을 마련하는 것이 좋다.

자, 우리는 이제부터 내 가게의 매출을 위한 관리이자 추후 어떤 일을 하게 되든 필수적인 마케팅에 대한 공부를 가볍게 시작할 것이다. 먼저 하루 중 어느 때 할 것인지부터 정해보자. 그리고 그 시간에는 반드시 단 10분만이라도 투자해 보자.

지금은 언제 어떻게 다시금 닥쳐올지 모르는 불황의 불안을 안고 있는 위드 코로나 시대다. 이때 살아남는 가게와 없어지는 가게를 가르는 것은 하루 30분, 적게는 하루 10분의 투자 여부에 달려 있다. 모든 분야가 레드오션인 지금, 살아남기 위한 마케팅을 시작해야 한다.

읽지 않는 시대,
보고 느끼게 하라

세상은 생각보다 더 빠르게 변하고 있다

퇴근하고 집에 돌아오면 아무리 피곤한 날도 그냥 잠들고 싶지는 않다. 다음 날 출근하기 위해 일찍 일어나려면 빨리 자야 된다는 걸 알면서도, 휴대폰을 붙잡고 뒹굴뒹굴 시간을 허투루 보내기 일쑤이다. 만족한 하루가 아닐수록 무언가를 더 해야 한다는 강박에 휴대폰을 보며 시간을 보내는 것이라고 말하는 사람도 있는데, 나는 성과를 냈다고 할 만큼 만족스러운 날도 그렇다. 누워서 뒹굴뒹굴, 아무런 목적 없이 휴대폰을 보며 허투루 보내는 시간이야말로 내가 함부로 쓸 수 있는 나의 온전한 휴식 시간이라고 느껴지기 때문이다.

여느 때처럼 저녁을 먹고 씻은 뒤 방에 들어와 휴대폰을 보며 누워 있던 어느 날, 어머니가 방문을 두드리셨다.

"아침 일찍 출근하고, 퇴근하고 들어오면 다 방에 들어가 있고…, 가족끼리 모여서 같이 TV라도 좀 보자."

짜증 섞인 목소리로 피곤하다며 둘러대고 누워 있다가 죄송한 마음이 들어 슬그머니 방문을 열고 보니, 가족 모두 각자의 방에 들어가 있고, 어머니 혼자 TV를 보고 계셨다.

내가 어릴 때는 거실에 나와 가족들끼리 TV를 보다가도, 부모님으로부터 TV를 많이 보면 눈 나빠지니 그만 보고 방으로 들어가라는 핀잔을 듣기 일쑤였다. TV가 많이 보급되지 않았던 옛 시절로 더 거슬러 올라가면 TV가 있는 집에 온 동네 사람들이 옹기종기 모여 앉아 함께 TV를 보기도 했다고 한다. 그러나 컴퓨터가 빠르게 발전하고 휴대폰으로도 모든 것을 할 수 있게 된 지금, 상황은 많이 달라졌다. 함께할 수밖에 없던 많은 것들이 사라졌고, 혼자 하는 것에 익숙해지면서 어느 순간 함께하는 것들이 오히려 불편하게 느껴지게 되었다.

이렇게 세상은 생각보다도 더 빠르게 변하고 있다. 한 가지 변화를 느끼고 인지할 때쯤이면 어느새 또 다른 변화가 생기고 있을 정도이다.

Skip, Skip, Skip

가끔은 그런 발전의 속도가 무섭게 느껴지기도 한다. 또한 빠르게 발전하는 세상의 속도에 맞추다 보니, 사람들의 성격도 더 급해져

가고 있는 듯하다. 보고 느끼는 것을 포함하여 모든 관계 맺음까지도 빠르게 로그인되고, 또 로그아웃되고 있다.

요즘 방영되는 드라마는 시청률이 10%만 넘어도 흥행이라는 꼬리표를 붙일 수 있으며, 일반적인 코미디 프로그램이나 버라이어티 쇼가 방송되는 1시간가량도 요즘은 지루하게 느껴진다. 이렇게 빠르게 움직이는 세상과 시대에 맞추어 숏폼, 미드폼(틱톡, 유튜브, 넷플릭스 등 OTT 서비스를 중심으로 떠오른 짧은 콘텐츠. 20~30분 분량은 미드폼, 5~10분 분량은 숏폼이라 한다.) 등의 새로운 형태의 미디어가 등장했고, 레거시 미디어(TV, 라디오, 신문 등의 전통적 미디어 매체)는 점점 소외되기 시작했다. 많은 이들이 이제는 정규 편성의 TV 프로그램보다는 '짤'이라 불리는 숏폼, 미드폼을 선호한다. 그러나 문제는 이러한 짧은 콘텐츠들을 보면서도 스킵(Skip, 건너뛰기)한다는 것이다.

2시간의 영화를 20분으로 정리해놓은 유튜브 영상을 보면서도 Skip을 누른다. 1시간짜리 드라마를 10분으로 축약해 올린 숏폼을 보면서도 Skip을 한다. 앞뒤 스토리의 개연성은 대략적으로 미루어 짐작하고, 중요한 부분만 보기 위해 Skip하지만, 그로 인해 정작 중요한 부분을 놓치기도 한다. 그러나 어쩔 수 없다.

한 해, 한 해 지나며 흘러가는 세월이 아쉬워도 시간이 지나 어른이 되면 어른의 역할을 해야 하듯, 빠르게 변화하는 세상이 안타까워도 그 변화에 발맞춰 나 역시도 변화할 수밖에 없다. 고객의 성향이 변한다면 마케팅 역시 그에 맞춰 변화해야 한다.

SNS가 등장하기 전인 2000년대 중후반은 네이버 블로그 역사상 최고의 호황기였다. 사람들은 후기에 관한 모든 정보를 네이버 블로그를 통해 수집했으며, 진정성 있게 작성한 포스팅 하나가 한 가게의 성패를 판가름하기도 했다. 당시의 블로그 포스팅은 글과 사진의 조화로움을 통해 정보를 전달하는 최적의 매체였다. 수많은 고객들이 블로그를 보기 위해 네이버에 접속했고, 소상공인들은 그들에게 최적의 정보를 전달하기 위해 블로그 마케팅 회사를 찾았다. 블로그 마케팅 회사들도 우후죽순 생겨났고, 홍수처럼 블로그 콘텐츠들이 쏟아졌다.

그런데 이후 2009년에 한국에 상륙한 페이스북과 2011년에 등장한 트위터, 연이어 2012년 서비스가 시작된 인스타그램 등의 SNS는 블로그와는 판이하게 달랐다. 글보다는 사진이 중심이었고, 장문보다는 단문의 축약된 글로 메시지를 전달했다. 꼼꼼한 후기가 필요한 상품에는 여전히 블로그 콘텐츠가 강세를 보였지만, 빠르고 강렬하게 시각적으로 내용을 전달하는 SNS 콘텐츠로 많은 사람들이 소비를 옮겨갔다.

2015년 초 생겨난 SBS의 '스브스뉴스'는 이러한 소비자의 니즈를 정확히 공략하여 국내 최초로 레거시 미디어를 SNS 콘텐츠로 바꾼 성공 사례로 손꼽힌다.

매체의 특성상 뉴스 기사는 읽어야만 이해할 수 있는 장문의 글이다. 사람들은 사회의 이슈와 시대의 흐름을 알기 위해 억지로라도 뉴스 기사를 읽는다. 그런데 SBS는 재미없을 수 있는, 또는 사람들이 관심을 가졌으면 하는 사회 기사를 카드 뉴스라는 스낵컬처 콘텐츠(과자를 먹듯 5~15분의 짧은 시간에 문화 콘텐츠를 소비한다는 뜻)로 재탄생시켰다. 기사를 이미지화했고, 간단하지만 임팩트 있는 글을 통해 메시지를 전달했다.

반응은 폭발적이었다. 독자에게 집중한 가치 있는 콘텐츠들을 꾸준히 생산해낸 스브스뉴스 채널은 다양한 플랫폼에서 100만 명이 넘는 구독자를 보유하게 되었다.

지금 현재 나의 고객은 어떤 정보를 원하는가. 그리고 그 정보를 어떻게 보고 싶어 하는가. 스브스뉴스의 사례는 고객의 시선을 사로잡기 위해서는 그들이 원하는 형태의 콘텐츠를 만들어야 한다는 것을 보여준다.

이름도, 얼굴도 없는 화가의 300억 원짜리 그림

그림에 관심이 없다 하더라도 2020년대에 가장 인기 있는 아티스트인 뱅크시에 대해서는 한 번쯤 들어봤을 것이다. 사회운동가이기도 한 이 화가는 스스로를 예술 테러리스트라고 칭하며 철저하게 베일에 싸인 채로 활동하고 있다. 얼마 전에는 이 화가의 그림이 한화 약 300억 원에 낙찰되어 이슈가 되었다.

낙찰된 작품은 원래 〈풍선과 소녀〉라는 작품으로 2018년에 한화 약 15억 원에 낙찰된 작품이었다. 그러나 뱅크시는 이 그림이 낙찰되자마자 미리 프레임 밑에 장치해둔 분쇄기를 원격으로 가동해 즉석에서 그림을 분쇄하는 퍼포먼스를 선보였고, 반으로 갈기갈기 찢긴 이 그림이 얼마 전 〈사랑은 휴지통에(Love is in the Bin)〉라는 이름으로 다시 경매에 나와 약 300억 원에 낙찰된 것이다.

뱅크시의 그림은 종종 경매에 등장해 억, 소리 나는 금액에 낙찰되곤 한다. 베일에 싸여 이름도, 얼굴도, 이력도, 아무런 정보도 없는 이 화가의 그림이 어떻게 그렇게 비싼 금액에 낙찰될 수 있었던 걸까.

설명하지 말고 느끼게 하라

그 비밀은 그림을 통해 느낄 수 있는 메시지 때문이 아닐까 싶다. 뱅크시의 그림에는 사회 풍자적인 메시지와 확고한 주제의식이 담겨 있다. 그의 작품 중 〈꽃다발을 던지는 남자(flower bomber)〉(2003)는 복면을 쓴 채 수류탄을 던지려는 듯한 남자의 손에 꽃다발을 그려놓은 벽화로, 폭력과 테러에 반대하는 메시지를 담고 있다.

또 다른 그림 〈주차장(PARKING)〉(2010)은 미국 로스앤젤레스 지상 주차장 옆 벽에 그려진 작품이다. 주차장을 의미하는 PARKING이라는 단어에서 ING를 지우고 공원을 뜻하는 PARK 중 A에 그네줄을 매달아 그네를 타고 있는 어린아이를 그려냄으로써, 아이들이 놀아야 할 공원 공간에 주차장이 세워졌다는 조롱의 메시지를 담았다.

나는 미술작품에 대해 잘 알지 못한다. 가끔 전시회에 가서 한참 미술작품을 보면서도 그들이 전하고자 하는 심오한 예술세계를 알지 못해 "이런 그림을 돈 주고 산단 말이야?"라는 생각을 하기도 한다. 그러나 뱅크시의 작품을 보면 그가 무엇을 말하고자 하는지 금세 느껴진다. 때로는 풍자와 조롱이 담긴 그의 감정까지도 느껴진다.

마케팅은 이런 것이며, 콘텐츠는 이렇게 만들어져야 한다. 주목을 끄는 콘텐츠란 찰나의 시선을 사로잡아 무언가 느낄 수 있게 만들어야 하며, 그것이 사람들의 공감을 사는 순간 그 마케팅은 성공한 마케팅이 된다.

나는 뱅크시의 그림이야말로 우리가 알아야 할 마케팅의 핵심을 잘 간파하고 있다고 생각한다. 찰나의 시선을 사로잡아야 수많은 콘텐츠 속에서 고객의 시선을 사로잡을 수 있다. 또한 그 밑바탕에는 사람들의 공감을 불러일으키는 요소가 있어야 한다. 마케팅은 순간을 포착하는 강렬한 힘과 공감이 바탕이 되는 콘텐츠를 보여줄 때 성공할 수 있다.

매출을 상승시키는
기적의 콘텐츠

인스타그램 마케팅으로 서민 갑부가 되다

2020년 여름이 오기 전 무렵이었다. TV 채널을 이리저리 돌리다가 케이크 사진을 열심히 찍는 젊은 여자 사장님의 모습에 채널을 고정했다. 〈서민갑부〉라는 프로그램으로, 그 사장님은 인스타그램에 업로드할 사진을 찍고 있다고 했다. 케이크가 미소를 짓는 것도 아니고 움직이는 것도 아닐 텐데 엄청나게 집중해서 사진을 찍는 모습에서 열정의 기운이 뿜어져 나오는 것 같았다. 20대 후반의 젊은 여자분인 사장님은 하루 평균 50개 이상의 주문을 받아, 성수기에는 하루 매출 400만 원 이상을 올리고 있다고 했다. 연 매출로 따지면 10억 원 이상의 수익을 창출하는 셈이다.

이렇게 창업 4년 만에 눈부신 성과를 이룬 이 가게도 처음부터 높은 매출을 올렸던 것은 아니다. 대학 때 베이커리 관련 각종 상을 받을 정도로 실력이 출중했던 사장님은 졸업 후 디저트 가게를 차렸지만 1년 동안 매월 적자를 기록하며 반지하 가게에서 힘든 나날을 보냈다고 한다. 그러던 어느 날 지인이 남자친구를 위해 케이크를 제작 주문했고, 한 사람만을 위해 만들어진 그 케이크를 친구가 인스타그램에 업로드했는데 그 피드로 인해 입소문을 타게 되었다. 그 일로 사장님은 SNS를 통한 바이럴 마케팅이 가능하다는 것을 알게 되었으며, SNS의 중요성을 느꼈다고 한다.

이후 평범한 디저트 가게에서 주문 제작 케이크 가게로 업종을 변경한 사장님은 인스타그램에 하루 1~2개 정도의 게시물을 꾸준히 올리고 있으며, 해당 계정에는 지금까지 3,000개 이상의 게시물이 올려져 있다.

이 매장의 인스타그램 계정에 들어가보면 하나의 피드에도 얼마나 심혈을 기울여 사진을 찍고, 콘텐츠 디자인에 고민을 했는지 한눈에 알 수 있다. 그 노력과 꾸준함이 1년, 1년 쌓여 4년 만에 연매출 12억 원에 이르는 서민 갑부가 된 것이다.

콘텐츠는 말하지 않아도 고객은 느낄 수 있다

나는 인스타그램의 인기 게시물이나 요즘 핫하다는 SNS 계정에 들어가면 하나의 콘텐츠만 보는 것이 아니라 스크롤을 천천히 내리며 몇백 개, 혹은 몇천 개의 피드를 유심히 살펴보곤 한다. 그 안에는 인기 계정이 되기까지의 변화와 고민이 빼곡하게 담겨 있기 때문이다.

인스타그램에서 '네일아트'라고 검색해서 피드를 보면 어떤 콘텐츠가 고민하고 노력을 기울인 콘텐츠인지 한눈에 파악할 수 있다. A계정에는 깔끔한 배경에 손톱이 돋보이도록 찍은 사진들이 올라와 있다. 과하지 않을 정도의 적절한 소품도 사용하였고, 컬러감을 돋보이게 하기 위해 약간의 보정도 한 듯하다. 사진마다 네일숍의 이름이 깔끔하게 적혀 있다.

반면 B계정은 너저분한 네일 숍 책상, 또는 숍 안의 아무 벽면에서나 찍은 듯한 사진으로 채워져 있다. 전체적인 색감이 어두워서인지 손톱의 디자인에도 눈이 가지 않는다.

A계정도 예전 피드를 보면 무언가 정신없이 뒤섞여 있어 콘텐츠들이 눈에 띄지 않고, 해시태그 역시 '무조건 많이 넣어야지!' 하는 생각인 듯 관련된 모든 태그가 꽉꽉 채워져 있다. 그러나 A계정은 지속적으로 변화했다. 사진을 찍는 배경만 봐도 벽에서 실크 천으로 바뀌었고, 점차 조명이 추가되고 소품이 추가되는 것을 과거부터의 피드를 보면 알 수 있다. 고민의 흔적이다.

반면 B계정은 보기만 해도 사장님의 마음을 읽을 수 있다. '남들다 하니까 어쩔 수 없이 사진을 찍고, 의무적으로 올리기는 하지만, 너무너무 귀찮다'는 것이 사진에서 드러난다.

시간이 지날수록 두 계정의 격차는 벌어질 것이다. 팔로워 수가 달라질 것이고, '좋아요' 수가 달라질 것이며 그 계정을 보고 찾아오는 고객 수도 달라질 것이다. 그렇게 1년이 지난 뒤에는 과연 어떤 가게가 살아남을지 답은 분명하다.

고민은 짧게, 시도는 많이

살아남기 위해서는 다양한 시도를 통해 고객이 좋아할 만한 콘텐츠를 지속적으로 만들어야 한다. 그러기 위해서는 무엇을 해야 할까?

고객이 무엇을 좋아할지, 어떻게 해야 내 계정에 많은 사람들이 찾아오게 될지 고민부터 하는 사람들이 많다. 하지만 고민할 필요 없다. 먼저 이런저런 시도를 해보자. 앞에서 말한 것과 같이 하찮아도 좋으니 아주 가볍게, 지금 당장 시작하고 조금씩 바꿔보면 된다.

나는 어릴 때 예능 프로그램을 즐겨 보았다. 그중 버라이어티 프로그램을 특히 좋아했는데, 인기가 없는 프로그램들까지 한 번씩은 꼭 챙겨보았을 정도로 예능 프로그램 마니아였다. 그렇다 보니 프로그램에 비슷한 패턴이 있다는 것을 알게 되었다.

어떤 프로그램이든 처음 시작할 때는 제목과 콘셉트에 걸맞는 포맷으로 시작한다. 그러나 인기가 없으면 조금씩 변화를 시도한다. 처음에는 토크쇼 형식을 갖췄다가 상황극을 하기도 하고, 퀴즈를 하기도 한다. 퀴즈 형식이 인기를 얻으면 한동안 그 포맷을 유지했다가 인기가 떨어지면 또 다른 변화를 시도한다. 게임을 하기도 하고, 게임에 벌칙을 추가하기도 한다. 벌칙과 관련해 이슈가 생기고 인기를 얻으면 벌칙에 집중한 포맷으로 변화한다. 그렇게 변화, 수정, 보완의 단계를 거치면서 틀이 잡히면 그 상태를 유지하며 롱런하기도 한다.

콘텐츠를 만들고 계정을 관리하는 것도 이와 같다. 첫 시작은 조금 어설플지 모르지만 지속적으로 콘텐츠를 만들어내며 고객의 입장에서 지루하지 않도록 조금씩 바꾸고 보완하며 키워나가면 된다. 소품 숍을 운영하며 계정을 관리한다면 하나하나의 소품만 찍어 올릴 것이 아니라 다양한 소품을 하나의 사진에 담아서 올려보기도 하고, 소품과 어울리는 가벼운 이야기를 같이 올려보기도 하는 것이다.

펜션을 운영한다면 건물 사진과 인테리어 사진을 올리는 것만으로는 소재가 턱없이 부족하다. 펜션 주위의 여행지 추천을 해보는 것도 좋고, 여행객들이 불편해하지 않는 한도 내에서 사진을 찍고(가령 뒷모습이라거나) 사진과 함께 그들의 이야기를 담아보는 건 어떨까?

패션이나 미용에 관련된 사업을 하고 있다면 사진의 각도와 배경, 보정을 조금씩 바꾸어가며 최상의 포맷을 찾아보자.

"하루를 유익하게 보낸 사람은 하루의 보물을 파낸 것이다"라는 말이 있다. 어설퍼도 좋고, 불완전해도 좋으니 나의 계정에 하루하루 보물을 쌓아보자.

펭수도 무명 시절이 있었다

2019~2020년 대한민국에 열풍을 불러온 캐릭터, 펭수를 알고 있

는가? 펭수는 2019년 'EBS 육상대회(이육대)'라는 영상에서 자기표현과 욕구가 확실한 당당한 모습의 열 살짜리 펭귄이라는 설정으로 처음 등장하여 이슈가 되었다.

하지만 펭수도 처음부터 폭발적인 인기를 얻었던 것은 아니다. 평일 저녁 어린이들의 예능 방송인 〈생방송 톡!톡! 보니하니〉의 한 코너로 시작된 '자이언트 펭TV'는 어린이와 학부모들에게는 잘 알려져 있었지만, 대중적인 인지도는 크게 없었다.

처음 EBS에 등장할 때의 콘셉트는 바람직하고 착한 어린이상이 아니라 스스로 경험하고 깨우치면서 성장하는 어린이의 모습이었다고 한다. 2019년 3월 자이언트 펭TV 유튜브 채널이 개설된 뒤 구독자 1만 명을 목표로 홍대에서 버스킹을 하거나 지나가는 사람들에게 자신을 홍보하고, 채널을 소개하는 영상의 콘텐츠들을 유튜브 계정에 업로드하기도 했다.

자이언트 펭TV 계정은 초반에는 그다지 많은 구독자를 모으지 못했지만 꾸준히 콘텐츠를 생산해 냈다. 그리고 이슈가 되었을 때, 기회를 놓치지 않고 준비하고 기획해놓았던 모든 것을 발산했다. 펭수는 탄생부터 데뷔할 때까지 취향과 가치관, 인격체로서의 세계관 등이 확고하게 만들어져 있었고, 흐지부지하거나 주저하지 않는 언행으로 많은 사람의 공감을 이끌어냈다. "나이가 중요한 게 아니라 이해하고 배려하고 존중하면 된다", "취향은 사람마다 다른 거니까 존중해 주길 부탁해" 등의 돌직구 발언을 하는가 하면 "다 잘할 순 없으니 하나 잘 못 한다고 너무 속상해하지 마라" 등의 위로 섞인 말을 하기도 한다. 그런 펭수의 언행은 2030세대에게 많은 공감과 위로를 주었고, 많은 사람들이 펭수에게 열광했다.

자이언트 펭TV는 방송사와 많은 스텝이 함께했음에도 6개월이란 시간이 흘러서야 겨우 2만 명이 되었던 구독자 수가 9월 한 달만에 10만 명을 달성하기에 이르렀고, 현재는 200만 명에 가까운 구독자를 보유한 골드버튼 채널이 되었다.

2019년 《EBS 수능 완성》 참고서 뒷면에 사진이 실린 후 처음에는 수험생들에게 좋지 않은 평을 받았던 펭수의 모습은 이후 카카오톡 이모티콘뿐 아니라 문구, 주방용품, 욕실용품 등 다양한 굿즈로 만들어졌다. 또한 TV 프로그램과 CF 등에 등장하며 매출 100억 원을 넘기는 그야말로 '대박' 캐릭터가 되었다.

이처럼 소위 말하는 대박이란 언제 어디서 터지게 될지 모른다. 준비된 콘텐츠에 꾸준함이 더해진다면, 찰나의 기회가 왔을 때 놓치지 않고 잡을 수 있을 것이다.

콘텐츠의 중요성

펭수의 탄생, 취향, 가치관은 유튜브를 통해 잘 정립되어 사람들에게 보여졌다. 또 연 매출 12억 원을 달성한 사장님의 케이크는 사진에 잘 담겨 SNS를 통해 사람들에게 보여졌다. 이렇게 보여지는 모든 것들은 콘텐츠가 되고, 이를 통해 고객의 마음을 움직일 수 있다.

나는 제품이나 상품이 세상에 나와 고객에게 전달되기까지의 모든 과정에서 마케팅이 이루어질 수 있다고 생각한다. 그리고 이 과정에서 보여지는 모든 것들이 콘텐츠이다. 영상이 될 수도 있고, 이미지나 음향, 음성 또는 어떠한 정보일 수도 있다. 그리고 SNS와 다양한 플랫폼이 우리 곁에 바짝 다가와 있는 현재, 사업을 하려는 사람에게 콘텐츠는 필수 불가결한 요소가 되었다.

나의 상품, 나의 제품을 어떻게 고객에게 어필할 것인가? 고객의 마음을 사로잡기 위해 나의 사업 아이템을 어떤 콘텐츠로 재가공하여 마케팅할 것인가?

사람은 태어날 때부터 만들어진 외적인 모습이 있으며, 누군가에 의해 불리는 자신만의 이름이 있다. 인간관계를 맺다 보면 상대방의 성격과 성향을 알 수 있고, 그러한 요소들을 통해 타인에 대해 생각하고 평가하게 된다. 반면 외적인 모습과 이름만 알고 있는 상태에서 누군가를 만났을 때 첫인상을 판가름 짓는 요소는 표정이나 옷차림이 전부일 것이다. 그런 면에서 콘텐츠는 자세히 알아보기 전 다가갈지 말지를 판단하는 첫인상의 옷차림과도 같다.

물론 처음부터 화려하고 멋진 콘텐츠를 만들어내는 것은 어렵다. 그렇기에 어마어마한 부담감을 갖고 시작할 필요도 없다. 그들이 나에게 호감을 가질 수 있는 정도의 단정한 옷차림부터 시작하면 된다. 중요한 것은 마케팅에서의 콘텐츠는 사업 시작의 단계에서부터 반드시 생각해두어야 할 요소라는 것이다.

매출을 하락시키는
잘못된 콘텐츠

나쁜 소문은 더 빨리 퍼지기 마련

콘텐츠 마케팅이란 포괄적인 의미로 음악, 영상, 사진, 글 등을 웹상에 업로드함으로써 기업을 홍보하고 브랜드를 알리기 위한 마케팅을 말한다. 그리고 이는 인터넷이 생긴 이래 가장 빠르게 확산된 마케팅 중 하나다.

마케팅을 위해 질 높은 콘텐츠를 만든다 해도 지역 내에서만 보여질 수밖에 없었던 오프라인 마케팅과 달리, 지금은 인터넷을 통해 전국은 물론 전 세계에 이슈를 만들 수 있는 시대가 되었다. 또한 다양한 매체와 SNS를 통해 확산되는 기간도 매우 단축되었다.

사람들이 많이 모이는 집단에는 소문이라는 것이 생기기 마련이다. 소문이라는 의미의 영어 단어 가십(Gossip)이 긍정적인 표현보다는 부정적인 표현으로 많이 쓰이듯이, 안 좋은 소문은 더 빠르게 퍼진다. 콘텐츠 마케팅에서 주의할 점은 좋은 소문도 콘텐츠가 되지만 나쁜 소문 역시 콘텐츠가 된다는 점이다. 그리고 좋은 이야기보다 나쁜 이야기가 더 빨리 퍼지기 때문에, 콘텐츠를 생산할 때는 고객의 입장에서 나쁜 콘텐츠로 받아들여질 만한 부분이 있는지 면밀히 검토하고 진행해야 한다.

예를 들어 우리는 학교 폭력이나 돈 문제, 연애 문제 등에 연루된 연예인들의 기사들을 종종 접한다. 그런데 때로는 말도 안 되는 나쁜 소문이 실제 일어난 일처럼 퍼질 때가 있다. 만약 그것이 거짓이라면 소문의 당사자가 사실이 아님을 증명함으로써 소문의 확산이 멈추기도 하고, 진실이라면 소문의 당사자가 침묵함으로써 잠잠해지기도 한다. 그러나 사실 여부에 관계 없이 일단 온라인에 업로드가 되고 난 뒤라면 삭제한다고 해도 누군가의 하드디스크에 저장되어 다시 떠돌 수도 있다.

잘 만들어진 콘텐츠가 두고두고 회자되듯이, 잘못된 콘텐츠도 온라인에 박제되어 원한다면 누구나 찾아볼 수 있다. 그러므로 잘못 만든 콘텐츠는 해당 사업체나 기업에 꼬리표처럼 따라다니면서 이미지를 실추시키고, 최악의 경우 폐업 상황에까지 이르게 할 수도 있다.

그렇다면 어떤 콘텐츠가 나쁜 콘텐츠일까?

타깃 고객만 생각해서는 안 된다

태국의 한 미용회사에서 미백 화장품을 홍보하기 위해 만든 온라인 광고가 세계적인 비난을 받은 사례가 있다. 이 회사는 미백 기능을 강조하기 위해 피부가 하얀 모델을 기용했고, '피부관리를 중단하면 하얀 피부를 위해 투자한 모든 것이 허사가 된다'라는 광고 문구로 피부관리의 중요성을 어필했다.

여기까지는 딱히 문제될 것이 없다. 하얀 피부를 갖고 싶어 하는 사람들은 실제로 많은 시간과 돈을 투자하고 있으며, 관리를 중단한다면 그러한 투자가 허사가 될 수 있는 것도 사실이기 때문이다. 그러나 다음 장면은 논란을 불러일으키기에 충분했다. 하얀 피부의 여성이 검은 피부로 바뀌며 두 여성을 대조되도록 촬영한 영상이 이어졌고, "이기려면 하얘져야 한다"라는 내레이션을 덧붙인 것이다.

피부가 검다면 패배하는 것이라는 의미로 받아들여질 수 있는 이 영상은 게재되자마자 인종차별 논란을 일으키며 많은 사람들의 분노를 샀다. 비난이 폭주하자 해당 업체는 광고 영상을 삭제하고 사과문을 게재했지만, 이미 영상은 일파만파 퍼지며 태국 내에서뿐 아니라 세계적으로 비난을 받았고, 브랜드의 이미지를 크게 실추시켰다.

이 기업은 자사의 제품과 기능을 홍보하는 것에만 초점을 맞추었다. 또한 고객을 하얀 피부를 갖고자 하는 여성으로 한정했다. 타깃 고객을 공략하여 콘텐츠를 만든 것이다. 그러나 콘텐츠를 볼 대상은 다양하며, 불특정 다수의 사람들이 불편함을 느낄 수도 있다는 사실을 간과하였다. 사람들이 생각하는 미의 기준은 모두 다르며, 특정 피부색을 비하하는 것은 도덕적이지 못한 행위이다.

이렇듯 잘못된 콘텐츠가 온라인에 업로드되면 삭제한다 하더라도 관련된 기사들과 콘텐츠들이 재생산되며 빠르게 확산되고, 온라인상에 끝까지 남아 꼬리표처럼 기업을 따라다니게 된다.

고객을 섣부르게 예측하면 필패다

SNS를 통해 많은 고객을 확보하려다 대표적인 실패 사례가 된 피자 브랜드가 있다. 이 브랜드는 트위터를 오픈하면서 동시에 트위터 팔로워를 모으기 위한 마케팅의 일환으로 이벤트를 진행했다. 그 내용은 약 한 달의 기간 동안 기존 할인에 더해, 고객이 보유한 팔로워 숫자만큼 추가할인을 해주는 것이었다. 홈페이지에서 팔로워 수만 입력하면 할인이 적용되며 팔로워 수 100명당 1,000원을 할인해 901명 이상을 보유하면 1만 원, 1,901명 이상을 보유한 트위터리안은 2만 원이라는 큰 금액을 할인해 주는 것이었다. 해당 브랜드로서는 1,000명 이상의 팔로워를 보유한 트위터리안이 많지 않을 거라 예상했겠지만, SNS는 말 그대로 웹상에서 인적 관계를 형성하는 매체라는 것을 간과했던 것 같다.

이 이벤트는 이슈가 되면서 빠르게 확산되어 처음에는 성공하는 듯했다. 그러나 트위터리안들은 할인을 받기 위해 품앗이를 하며 서로 팔로우하기 시작했고, 급기야 트위터를 하지 않았던 사람들까지 가입하며 팔로우를 늘려갔다. '피자 할인받기', '피자 쿠폰받기' 등의 모임을 만들어 서로서로 맞팔(서로 팔로잉하는 것)을 하기도 했으며 이미 쿠폰을 발급받은 유저는 탈퇴 후 재가입을 반복하며 할인쿠폰을 챙겼다. 1인당 한 번의 할인만 가능하다는 규칙은 계정의 주인을 확인할 수 없다는 맹점으로 인해 무의미했다. 무분별한 맞팔을 통해 많은 할인을 받는 사람들이 늘면서, 결국 기업은 행사를 시작한 지 2주 만에 급하게 이벤트를 종료했다. 이 이벤트를 통해 발급된 쿠폰은 6,000건에 육박하며, 비용으로 환산하면 6,000만 원 상당이라고 한다.

이 회사는 비용적인 손실뿐 아니라 이벤트를 급하게 종료함으로써 신뢰도가 떨어져 브랜드 이미지까지 훼손되었다. 고객에게는 실망감을, 기업에는 상처만을 남긴 실패한 마케팅이 된 것이다. 이 기업은 처음 SNS를 오픈하며 야심찬 기획을 했지만, SNS의 기본적인 특성을 파악하지 못했던 것이다.

이것만은 피하라

SNS는 Social Network Service의 줄임말이다. 말 그대로 이용자들이 인적 네트워크를 형성하고 있는 매체로, 이용자들은 강한 결속력을 갖게 될 수도 있으며, 관계망을 통해 정보와 콘텐츠를 빠르게 확산할 수도 있다. 이것이 기본적인 SNS의 특성이다. 즉, 잘 만들어진 콘텐츠가 빠르게 확산되어 매출 상승에 영향을 끼칠 수 있지만, 잘못 만들어진 콘텐츠 역시 일파만파 퍼져 매출을 폭락시킬 수도 있다는 뜻이다.

하지만 잘못된 콘텐츠를 만들어 역풍을 맞을까 겁먹고 고민하며 주저할 필요는 없다. 잘 만든 콘텐츠를 통해 매출을 상승시키는 것에는 시간과 노력이 필요하지만, 잘못된 콘텐츠를 피하기 위해서는 SNS의 특성과 기본적인 원칙만 파악하고 있으면 된다.

먼저 우리는 첫 번째 사례를 통해 민감한 사회문제나 어떤 대상을 두고 비하하는 내용은 담지 않아야 한다는 것을 배웠다. 아무리 재치 있는 아이디어가 떠올랐다고 해도 부정적인 이슈가 될 만한 내용은 과감히 버려야 한다. 개그맨들이 개그 프로그램에서 특정 직업, 특정 성이나 종교인, 지역, 국적, 나이 등을 개그의 소재로 이용하다 논란을 일으키고 뭇매를 맞은 경우도 보았을 것이다. 노이즈 마케팅은 결코 롱런할 수 없음을 명심하기 바란다.

두 번째 사례를 통해서는 이벤트를 잘못하면 큰 타격을 입을 수 있다는 것을 배웠다. 이벤트는 단시간에 많은 팔로워를 확보하고 이슈 몰이를 할 수 있다는 강점이 있다. 그렇기에 기업들은 주기적인 이벤트로 기업을 홍보하고, 대대적으로 큰 규모의 이벤트를 열어 고객을 확보하기도 한다.

음식점이나 술집의 테이블에 'SNS에 인증하면 음료수 무료'라는 광고가 붙어 있는 것을 보았을 것이다. 많은 업체들이 진행하고 있는 것에는 그만한 이유가 있다. SNS를 통한 이벤트라면 우선 고객이 간단하게 접근할 수 있어야 하고, 명확한 미션을 주어야 한다. 또한 꾸준히 할 수 있거나, 단기간에 큰 이벤트를 열더라도 업체가 감당할 수 있는 리워드를 제공해야 한다. 또 이벤트에 대한 보상은 이벤트가 종료된 후 이슈의 여파가 식기 전에 빠르게 제공하는 것이 좋다.

마지막으로 가끔 재미있는 요소를 넣고 싶어 신조어나 유행어를 사용하는 사장님들이 있다. 이때는 그 단어의 정확한 뜻과 유래를 알고 사용해야 한다. SNS는 편한 사람들과 잡담을 하는 커피숍 같은 공간이라고 생각할 수도 있지만, 공개된 공간이라는 것을 명심하자. 공개된 장소에서 낯선 이와 만나 대화한다면 비속어나 너무 과한 농담은 삼가야 한다. 상대가 불쾌할 수 있는 이야기 역시 자제해야 하는 것이 당연하다. SNS는 그런 공간이다.

그나마 다행인 것은 SNS가 활성화된 이래 잘못된 콘텐츠, 잘못된 이벤트를 통해 실패한 사례가 이미 많이 있으므로 그러한 사례들을 교훈 삼아 피할 수 있다는 것이다. 그뿐만 아니라 이미 활성화된 시장을 이용할 수 있기에 우리는 아주 좋은 상황에서 시작한다고 봐도 무방하다. 물론 그만큼 경쟁은 치열해졌지만, 지금은 어떤 시장이든 경쟁이 심화되지 않은 곳이 없다. 성공 사례와 실패 사례를 참고하여 우리의 영역을 넓혀가면 된다.

인플루언서, 찾지 말고
찾아오게 하라

시작은 미미하였으나 끝은 매출 상승이리라

매년 물가 상승과 인건비 상승으로 폐업자들이 속출하고 있다. 5년 이내에 폐업하는 외식업계 창업자가 80%에 육박한다고 한다. 그렇다면 20%의 가게들은 어떻게 계속 고객을 유지할 수 있는 걸까?

첫 번째는 당연히 높은 질이다. 제대로 된 제품의 품질과 고객을 사로잡을 수 있는 맛. 즉 기본을 갖춰야 한다는 것이다. 대대적인 마케팅을 통해 많은 고객을 유치한다 하더라도 기본이 안 되어 있다면 재방문으로 이어지지 않으며, 기존 고객을 유지하지 못한다면 지속적으로 신규 고객을 유치하기 위한 마케팅에 돈을 쏟아부을 수밖에 없다.

그렇다면 두 번째는 무엇일까? 매출이 높은 상위 20% 매장들을 살펴보면 하나의 공통점이 있는데, 그것은 사장님들이 SNS를 마케팅 수단으로써 잘 활용하고 있다는 점이다. 고객들은 자신이 원하는 것을 찾기 위해 하루에도 몇 번씩 검색을 하는데, 매출을 유지하는 업체들은 그들이 찾는 곳에 자리 잡고 있다. 사진만 봐도 지금 당장 꼭 가보고 싶은 생각이 들도록 찍어놓기도 하고, 나중에라도 꼭 가보고 싶다는 신뢰감이 들 만큼 자신의 일에 대해 이야기하기도 한다.

시간이 지나 입소문이 나기 시작하면 지금 쏟아붓는 노력의 반의 반만 투자해도 높은 매출을 유지할 수 있다. 만족한다면 고객들이 알아서 찾아와 아무 대가 없이도 최상의 사진을 촬영하기 위해 노력하고, 그것을 자신들의 SNS에 업로드하고 자랑하면서 자연스럽게 홍보가 되기 때문이다. 인플루언서들은 자신만 아는 맛집을 찾고, 새로운 곳을 발굴하고자 찾아다니고 있다. 그러므로 그들이 우리를 찾을 수 있도록, 기다릴 것이 아니라 먼저 시작해야 한다.

인플루언서란?

"SNS 계정 키우는 거 너무 힘들어요. 인플루언서한테 돈 주고 광고하면 편하긴 한데, 비싸겠죠?"

컨설팅을 요청해오는 업체들이 내게 묻는 단골 질문 중 하나다.

"사장님의 자체 계정이 없으면 인플루언서한테 계속 의존해야 해요. 비싼 돈 주고."

이렇게 이야기는 했지만, 사실 모든 인플루언서가 비싼 것은 아니다. 나중을 생각해서라도 자체 브랜드 계정을 가지는 것이 중요하다는 것을 강조하기 위한 것이다.

지금은 모든 것이 점차 비대면으로 이루어지고, 메타버스로 인해 온라인과 오프라인의 경계가 허물어지는 상황이다. 이 책을 읽고 있는 독자들이라면 이제는 온라인에 내 사업체의 계정을 만들고 키우는 것이 필수라는 것은 말하지 않아도 이미 충분히 인지하였을 것이다. 그러나 SNS를 통해 부가적인 마케팅을 진행한다면 아무래도 인플루언서 마케팅을 빼놓을 수 없다. 물론 마케팅 비용이나 내 사업장의 규모를 고려하여 진행해야 한다.

온라인상의 인플루언서는 보통 다음과 같이 구분할 수 있다. 누구나 아는 셀럽이나 '연반인(연예인+일반인의 합성어로 일반인이지만 연예인과 같은 인지도를 가진 사람을 의미한다)'으로 불리며 100만 명 이상에 이르는 구독자나 팔로워를 보유한 '메가 인플루언서', 수십만 명에서 100만 명의 구독자나 팔로워를 보유한 '매크로 인플루언서', 1만 명에서 10만 명 이하의 구독자나 팔로워를 보유한 '마이크로 인플루언서', 1만 명 이하의 구독자나 팔로워를 확보한 무수히 많은 '나노 인플루언서'이다.

인플루언서와 광고하고 싶다면

메가 인플루언서의 경우 이미 많은 팬을 보유했지만 SNS 플랫폼으로 활동 영역을 넓힌 연예인을 포함하여 셀럽이 되어 TV 출연을 자주 하는 유명인들도 포함되어 있다. 이들과 협업하여 마케팅을 진행하면 확실한 홍보 효과를 볼 수 있다. 그러나 콘텐츠 하나에도 수천만 원이 넘는 비용이 들기 때문에 일반적인 소상공인은 엄두조차 내기 어렵다. 이들은 소속사에 속해 있는 경우가 많고, 보통 소속사를 통해서 마케팅을 진행한다.

매크로 인플루언서는 구독자나 팔로워 보유 수가 다양한 만큼 홍보 비용 역시 다양하다. 이들은 자기 분야에서 전문적인 콘텐츠를 생산하는 경우가 많은데, 요즘은 연예인 소속사만큼이나 인플루언서 소속사도 체계적으로 갖추어져 있기 때문에 이들 역시 소속사를 통해 접촉해야 하는 경우가 많다. 전문적인 콘텐츠를 제작하는 인플루언서이니만큼 구독자나 팔로워 역시 특정 분야에 관심이 있는 사람들이 많으므로 타깃층에 맞춘 홍보를 하기에 좋다.

내가 사업을 접고 잠시 마케팅 회사에 들어갔을 때 온라인 마케팅 부서와 미디어 마케팅 부서를 총괄하여 맡은 적이 있었다. 당시 미디어 마케팅 부서에서는 소규모로 인플루언서 소속사도 운영하고 있었으므로 여러 마이크로 인플루언서와 나노 인플루언서들을 만날 기회가 많았다. 소속사에 영입할 인플루언서들을 지속적으로 섭외해야 했기에 보유한 채널에 있는 메일 주소로 연락했는데, 비교적 쉽게 연락이 닿았다.

이렇듯 이들은 개인적인 연락을 통해 마케팅을 진행하는 것이 가능하므로 소상공인들이 쉽게 접촉할 수 있다는 장점이 있다. 비용 또한 부담스럽지 않은 선에서 진행이 가능하다.

팬이 많아야만 효과를 볼 수 있다는 고정관념에서 조금 벗어난다면 투입한 비용 대비 효과를 볼 수 있는 것이 바로 마이크로 인플루언서와 나노 인플루언서이다. 이들은 구독자, 팔로워들과 꾸준히 소통하기 때문에 서로 깊은 유대관계를 갖고 있으며 신뢰도가 높다. 그러나 인플루언서라는 타이틀을 달고 광고비로 수익을 창출하기 위해 허수의 팔로워(팬)를 늘리거나 비용을 받고 계약된 광고를 제대로 진행하지 않는 사람들도 있기 때문에, 이에 대처할 수 있는 능력이 없다면 직접 접촉하는 것은 미뤄두는 것이 좋다.

직접 찾아오게 하라

이처럼 인플루언서는 다양하게 구분되며 비용 또한 천차만별이다. 메가 인플루언서의 경우 부담스러운 비용으로 인해 초보 사업자라면 매끄럽게 진행하기 어렵고, 마이크로 인플루언서나 나노 인플루언서는 가짜와 진짜를 구분하기 힘들다는 단점이 있다.

그렇기에 시장에 진입한 초창기에는 무엇보다 스스로의 힘으로 계정을 만들고 키워가는 일이 중요하다. 돈보다는 시간을 투자하여 직접적인 마케팅 노하우를 습득하고 매출을 상승시키는 것을 목표로 삼아야 한다. 그리고 이 목표를 달성하기 위해서는 남들과 똑같이 비용을 지출해가며 인플루언서 마케팅을 하는 것이 아니라, 그들이 직접 찾아오게 해야 한다.

인플루언서가 내 매장에 찾아오게 하려면 어떻게 해야 할까? 방법은 한 가지이다. 우리 매장을 입소문의 중심으로 만드는 것이다.

지피지기면 백전백승이다

입소문의 중심을 차지하기 위해서는 내 매장의 장단점을 먼저 파악하고 보완하는 것이 먼저이다. 적을 알고 나를 알면 이기지 못할 전쟁이 없다는 말이 있다. 사업을 하는 사람에게 적이란 바로 우리 매장이나 우리 업체에 지갑을 흔쾌히 열어줄 고객일 것이다. 고객을 파악하기 위해서는 현재 우리 매장은 오고 싶은 욕구가 들 정도의 매장인지, 맛은 어떠한지, 또 인테리어는 어떠한지 등 우리 매장의 장단점을 먼저 파악해야 한다.

맛에 자신이 있다면 그 맛에 비주얼을 더하자. 보기 좋은 떡이 먹고 싶어지기 마련이다. 아무리 맛있는 음식도 보이는 모양이 평범하다면 고객은 카메라를 꺼내지 않는다. 평범한 마카롱이 아닌 캐릭터 마카롱을 만드는 곳이 히트를 치고, 비슷한 맛이어도 예쁜 모양의 케이크가 더 잘 팔리는 이유이다.

우리 매장의 볶음밥이 뛰어난 맛을 자랑한다고 예를 들어보자. 그러나 볶음밥 위에 평범한 달걀프라이를 올린다면 딱히 사진을 찍고 싶은 마음이 들지 않는다. 일상적인 식사 중 한 끼로 생각되고, SNS에 업로드할 이유가 없다. 그러나 하트 모양의 달걀프라이를 올리고 '사랑에 빠지는 볶음밥'이라는 이름을 붙인다면 SNS에 자랑하고 싶은 비주얼이 되고, 연인들의 눈길과 발길을 끌어들일 것이다.

　매장의 인테리어에 자신이 있다면 조명에 조금 더 신경을 써보자. 분위기 있는 인테리어에 고객이 예쁘게 보이는 조명까지 더한다면 많은 셀카족들이 자신의 예쁜 사진을 찍어 '사진 맛집'이라는 태그와 함께 SNS에 업로드하며 장소를 공유할 것이다. 거기에 최적의 장소를 찾아 '사진빨 최상의 셀카존'이라는 문구를 붙여놓으면 고객들은 줄을 서서 사진을 찍으려 할 것이다.

　이처럼 현재 내 가게의 강점은 무엇인지 파악하고, 그 강점을 더욱 살릴 수 있는 요소들을 조금씩 추가한다면 고객을 찾지 않아도 고객이 찾아올 수밖에 없다.

콘텐츠 정리하기

인플루언서가 찾아올 수 있는 장소를 만들기 위해서는 먼저 알려야 한다. 내가 먼저 시작해야 하는 것이다. 그러려면 우선 고객에게 어필하고 싶은 내 가게의 장점을 정리해야 한다. 나는 이를 '콘텐츠 정리하기'라고 부른다.

　콘텐츠 정리는 어렵지 않다. 우선 어떤 콘텐츠를 올릴 것인지 그림을 그리고 스케줄을 짜는 것부터 시작해 보자. 내 가게가 음식점이라면 음식을 보여줄 것인지, 음식을 만드는 과정을 보여줄 것인지, 음식을 통한 이야기를 할 것인지, 고객의 이야기를 들려줄 것인지를 선택한다. 모두 다 해도 무방하지만 정리는 필요하다.

그리고 그 과정에서 논란이 될 수 있는 부정적인 내용은 제거해야 한다. 예를 들어 이자카야에서 음식의 유래에 대해 설명하려 한다면 일본에 대한 이야기를 피할 수 없다. 하지만 반일감정이 심화되는 시기라면 적절하다고 볼 수 없다. 이때는 음식 설명을 이야기로 풀어내는 콘텐츠가 좋다.

예를 들어 오코노미야키 사진과 함께 "많은 손님이 좋아해 주시는 저희 집 대표메뉴예요~ 양배추는 매일 아침 6시에 배달되는데요~ 배달된 양배추를 깨끗이 씻어 채를 썰며 하루를 시작합니다"와 같이 재료에 대한 이야기와 칼질을 하는 영상이라든가 "오코노미야키에 들어가는 가쓰오부시가 세계에서 가장 단단한 식재료로 기네스북에 올라와 있다는 사실을 아시나요?"처럼 재료와 관련된 이야기를 풀어도 좋다.

무엇을 보여줄 것인지 정리하고 나면, 언제 어떻게 보여줄 것인지도 정리해야 한다. 어떤 사진을 사용할 것이며, 몇 장을 업로드할 것인지, 또 어떤 글을 작성할 것인지 등을 미리 정리해서 만들어놓자. SNS 관리의 기본은 꾸준함이라고 앞에서 이야기했다. 열어만 놓고 관리하지 않는 SNS 계정은 파리만 찾아오는 망한 가게와 같이 비쳐진다. 최소한 1주일에 한 번 이상 업로드하여 관리하고 있다는 것을 보여주어야 한다.

사업체를 운영하는 일에는 신경 쓸 일이 매우 많다. 나 역시 몸소 겪어봤기에 누구보다 잘 알고 있다. 바쁜 하루를 끝내고 정산을 마치고 집으로 돌아오면 녹초가 될 수밖에 없다. 휴대폰을 만지며 나만의 휴식을 갖거나 바로 잠이 들 수도 있다. 그 상황에서 머리를 쥐어짜 콘텐츠를 만들고 업로드하다 보면 지치게 마련이고, 앞서 말한 잘못된 콘텐츠의 사례처럼 나도 모르게 실수할 수도 있다. 그렇기에 미리 정리해놓는 것을 권한다. 시간이 날 때 미리 만들어두는 것도 좋다.

콘텐츠 정리 예시 - 중식당의 경우

무엇을	언제	어떻게	해시태그	참고사항
완두콩 7개를 얹은 《드래곤볼》 짜장면 사진	첫째주 수요일	《드래곤볼》 내용과 함께 짜장면을 먹고 소원을 이루라는 내용을 작성	#00동맛집, #00동중식당, #00동중국집, #00동짜장면맛집, #00동드래곤볼짜장면	《드래곤볼》 내용 찾기 월요일 새벽에 미리 찍어놓기
짜장면 볶는 영상	둘째주 수요일	매일 주방에서 개최하는 불쇼	#00동맛집, #00동중식당, #00동중국집, #00동짜장면맛집, #중식집불쇼, #중국집불쇼	짜장면 볶을 때 화력 높여서 영상 찍기
탕수육	셋째주 수요일	당신은 부먹인 가요, 찍먹인 가요?	#00동맛집, #00동중식당, #00동중국집, #00동탕수육맛집, #탕수육부먹, #탕수육찍먹	부먹과 찍먹의 장단점 작성 및 댓글 이벤트

콘텐츠 업로드하기

SNS의 기본인 콘텐츠 제작이 완료되었다면 이제 적절한 시간에 잘 업로드하는 것이 남아 있다. 타이밍을 잘못 선택하면 다른 게시물에 묻힐 수 있으므로 업로드하는 시간도 중요하다. 또 최적의 업로드 시간을 알기 위해서는 SNS의 채널별 특성도 파악해야 한다.

SNS 매체로는 페이스북, 인스타그램, 유튜브, 트위터, 카카오스토리, 밴드 등 다양한 플랫폼들이 있다. 이 중 대표적인 매체를 통해 적절한 콘텐츠 업로드 시간과 이유를 살펴보자.

먼저 페이스북은 레스토랑, 호텔, 부티크, 의료시설 등 지역 비즈니스에서 강세를 보이는 SNS로, 다양한 연령대의 이용자가 고루 분포되어 있는 플랫폼이다. 이용자 중에는 직장에서 컴퓨터를 통해 접속하는 사람들도 많기 때문에 평일 오후 2시까지는 큰 반응을 얻기 어려워, 오후 3~4시 사이가 콘텐츠를 게시하기 좋은 시간이라고 볼 수 있다.

인스타그램은 10~30대의 밀레니얼 세대들이 많이 사용하는 플랫폼이다. 디자인이나 사진 등 콘텐츠의 시각적인 요소를 신경 써서 제작해야 한다. 개인 사업자들이 가장 많이 활용하는 마케팅 매체이기도 한데, 점심식사 후 간단히 휴대폰을 보며 시간을 보내는 고객을 타깃으로 11시~오후 1시가량이 좋으며, 퇴근 후 접속할 수 있는 오후 7~9시의 야간 시간대도 좋다. 젊은 층의 수요가 많은 플랫폼이니만큼 주말에 게시하는 것은 반응을 얻기 어려우므로, 평일을 공략하여 콘텐츠를 올리는 것을 권장한다.

유튜브는 온라인 동영상 이용자의 93%가 사용하며, 한국인이 가장 오랜 시간 접속하는 매체이다. 또 타 SNS에 비해 의외로 50대 이상의 이용자가 가장 오랫동안 사용하는 플랫폼이다. 저녁이나 주말에 접속자가 많으므로 금요일이나 주말 아침에 미리 콘텐츠를 업로드해두는 것이 좋다. 이렇게 이용자의 연령대나 특성에 따라 콘텐츠를 업로드하기에 적절한 시간대에도 차이가 있다. 콘텐츠는 만드는 것도 물론 중요하지만, 어떤 시간대에 어떻게 업로드하는지도 중요하다.

지금까지 코로나19 시대에도 살아남는 가게들은 SNS 마케팅을 잘 활용해왔다는 것 그리고 SNS를 통해 보여지는 콘텐츠가 왜 중요한지에 대해 알아보았다. 다음 장에서는 SNS의 성공 사례들을 살펴보고, 우리가 그 성공 사례가 되기 위해 SNS를 개설하고 콘텐츠를 제작하여 업로드하는 과정까지 자세히 알아보도록 하자. 잘 따라오며 직접 실행해 보길 바란다.

2장

SNS 마케팅, **제대로 알고** 시작하자

내려놓았더니 흥하고 통했다,
빙그레

다시 찾게 만드는 이유, 호기심

SNS 마케팅이 바이럴 마케팅의 소통매체로 떠오르며, 많은 기업들이 공식계정을 개설하고 고객과 소통을 시작했다. SNS는 많은 사람들이 자유롭게 방문하고 열람할 수 있기 때문에 특히 대기업의 경우 콘텐츠로 인해 이미지에 안 좋은 영향을 끼치게 될 수도 있는 내용은 철저하게 배제했다. 그렇기에 기업의 공식계정은 '톤앤매너(Tone & Manner)'를 고수하며 제품의 브랜딩과 기능에 중점을 두는 형식의, 즉 틀에 박혀 있는 듯한 무미건조한 콘텐츠의 생산과 게시를 반복할 수밖에 없었다.

빙그레 역시 다른 기업들과 다를 바 없이 자사 제품의 홍보 게시물을 인스타그램 계정에 꾸준히 업데이트하고 있었다.

기존의 빙그레 계정

'좋아요' 1,507개의 기존 게시물

  그러던 어느 날 빙그레 계정에 애니메이션 캐릭터 그림이 하나 업로드되었다. 게시물의 주인공은 핑크색 머리를 한 순정만화의 주인공 같은 왕자 캐릭터였고 "안녕?"이라는 글 외에는 아무것도 적혀 있지 않았다. 빙그레 계정이 해킹당한 것이 아니냐, 무언가 잘못 올린 것이 아니냐 등의 댓글이 폭주했고, 많은 사람들이 이 게시물에 대해 궁금해했다. 그런데 별다른 피드백 없이 비슷한 게시물이 연이어 올라왔고, 며칠 뒤 본인은 빙그레 왕국의 후계자 '빙그레우스 마시스 짐'이라며 자신을 소개하는 글이 올라왔다. 이 게시물은 기존 '좋아요'의 10배가 넘는 반응을 이끌어냈고, 그 캐릭터에 대해 호기심을 갖게 된 사람들은 빙그레 계정을 다시 찾기 위해 팔로우하기 시작했다.

이렇게 최초로 자체 캐릭터를 앞세운 마케팅을 시작한 빙그레 는 사람들의 반응에 부응하듯 의인화시킨 빙그레우스라는 캐릭터 를 통해 고객들과 소통을 시작했다.

기업 계정이 이렇게 가벼울 수가?!

빙그레의 철자인 B로고 모양의 귀걸이, 바나나맛우유 왕관, 요플 레 배지와 빵또아 바지, 꽃게랑과 메로나로 장식된 왕홀(왕의 권위를 상징하는 의미로 들고 다니는 지팡이)을 든 이 캐릭터는 나르시시즘에 빠 진 왕자로 표현되었고, '하오체'(나는 이러하오~)의 독특한 말투를 쓰 며 자사 제품을 직접 소개했다. 팔로워들은 "왕자님, 너무 멋있어 요", "빙그레우스님 보고 지금 바나나맛 우유 사러 갑니다" 등의 댓 글을 달며 적극적으로 소통을 즐기기 시작했다. 그 결과 빙그레의 공식계정은 포스팅 3주 만에 아무런 유료 광고 없이 1만 7천 명의 신규 팔로워를 만들며 MZ세대의 유저들에게 폭발적인 반응을 이 끌어냈다. 이전의 기업 공식계정에서는 볼 수 없었던 가벼움이 통 했던 것이다.

빙그레는 '빙그레우스'라는 캐릭터를 등장시킨 것을 시작으로 투게더, 비비빅, 요맘때 등 자사 제품을 활용한 캐릭터를 지속적으 로 선보이며 풍부한 콘텐츠를 생산해냈다. 또한 이들을 모두 등장

최근의 빙그레 계정

시킨 3분짜리 애니메이션 영상 '빙그레 메이커를 위하여'라는 콘텐츠는 스토리텔링을 접목하여 삭막한 세상 속 웃음을 만들기 위해 도전하고 시도한다는 '빙그레 메이커'만의 유니버스(세계관)를 구축했다. 전문 성우와 뮤지컬 배우들을 통해 각 캐릭터의 정체성을 보여주며 완성도 높은 OST로 많은 사람들에게 입소문을 탄 이 영상은 게시된 지 3주 만에 640만 회 이상의 조회수와 25,000건 이상의 '좋아요'를 기록하며 긍정적인 반응을 이끌어냈다.

이후 빙그레의 인스타그램은 기하급수적으로 팔로워가 늘어, 현재는 16만 명 이상의 팔로워를 보유한 계정이 되었다. 또한 사람들에게 이슈 몰이를 했을 뿐 아니라 코로나19로 인해 많은 기업들이 매출 하락의 부진을 겪는 와중에도 영업이익은 30%, 매출액은 7.4%나 증가하는 효과를 얻었다. 호기심 유발로 시식하여 이슈를 만들고, 브랜드의 이미지까지 상승시킨 성공적인 마케팅이 된 것이다.

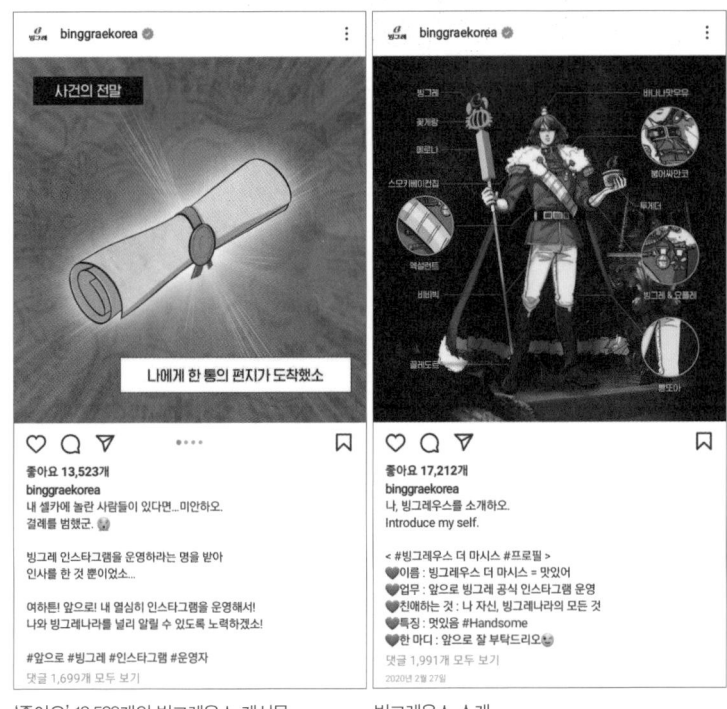

'좋아요' 13,523개의 빙그레우스 게시물   빙그레우스 소개

빙그레의 이러한 마케팅은 하루아침에 나온 결과물이 아니었다. 마케팅을 담당했던 미디어전략 팀은 "대한민국 국민 중 빙그레를 모르는 사람은 없지만, '빙그레' 하면 떠오르는 생각이나 느낌이 딱히 없어 이 부분을 채우는 것에 중점을 두었다"라고 한다. 빙그레의 아이덴티티를 만들어갈 강력한 캐릭터를 만드는 것과 빙그레가 가진 제품들을 모두 노출해 고객들이 빙그레의 제품을 정확하

게 인식할 수 있도록 하는 것을 목표로 설정했다.

이후 디테일하게 콘셉트를 잡고 기획하며 5개월간의 준비과정을 거쳤고, 향후 1년 동안 진행할 마케팅 시나리오도 준비했다고 한다. 가벼워 보일 수 있는 점을 보완하기 위해 장난스러움이 받아들여질 수 있는 인스타그램이라는 매체를 통해 MZ세대를 타깃으로 설정했다.

빙그레는 이렇게 콘텐츠 마케팅을 시작하기 전에 확실한 목표를 설정했고, 그에 맞는 기획 단계를 거쳤다. 마케팅을 시작하기로 했다면 먼저 이 과정을 거쳐야 한다. 그러나 우리는 빙그레처럼 큰 포부나 철저한 기획을 할 만한 시간이나 인력이 없다. 우리는 우리의 여력에 맞게 앞에서 말한 것과 같이 가볍게 가면 된다.

우리가 SNS 마케팅을 시작하며 달성하고 싶은 목적은 무엇인가? 우리 가게를 알리는 것이다. 그렇다면 우리 가게의 어떤 점을 알리고 싶은가? 음식의 맛? 제품의 비주얼? 제품의 성능? 매장의 분위기? 상품을 제작하는 과정에 대한 노력? 합리적인 가격? 무엇이든 좋다. 먼저 명확한 목표를 한 가지만 설정해 보자. 그리고 목표 팔로워 수도 정해보자.

우선 하루에 한 명의 친구를 새로 사귄다고 생각하고 30명으로 설정해본다. 그리고 다음 달은 60명, 그다음 달은 120명.

처음 목표는 작게 시작해야 성과를 느끼며 지치지 않는다. 그리고 매달 2배씩 늘려가며 목표를 설정하면 6개월만 지나도 2,000명 가까운 팔로워를 만들 수 있다.

알리고 싶은 목표를 설정했다면 다음에는 어떤 식으로 업로드할 것인지 표를 만들어 정리해 보자. 앞에서 말한 것처럼 무엇을 어떻게 언제 올릴지 먼저 간단하게 정리해 보는 것이 좋다.

오늘부터는 시간이 날 때마다, 또는 잠자리에 들기 전 우리 가게의 어떤 점을 어떻게 올릴 것인지, 어떤 콘텐츠로 우리 매장의 SNS 계정을 꾸미고 싶은지 생각을 정리하며 잠드는 것도 좋겠다.

마음이 정화되는 눈 호강 콘텐츠,
이니스프리

브랜드의 시각화

국내의 많은 기업들은 인스타그램에 공식계정을 운영하고 있다. 그중 인스타그램 마케팅의 성공 사례로 빠지지 않는 기업 중 하나가 이니스프리이다. 이니스프리는 기업 인스타그램이 활성화되기 시작했던 초창기부터 인스타그램에 브랜드의 콘셉트를 고스란히 담아내어, 많은 팔로워를 보유하며 계정 운영을 잘하는 기업으로 평가되었다.

이니스프리는 아모레퍼시픽이 2000년 론칭한 화장품 브랜드이다. 아일랜드 시인 윌리엄 버틀러 예이츠(William Butler Yeats)가 유년 시절을 보낸 아일랜드의 슬라이고를 그리워하며 지은 〈이니스프리의 호수 섬〉이라는 작품을 모티브로 했다고 한다. 그렇기에 브랜드 콘셉트 역시 '피부에 휴식을 주는 섬', '자연주의'를 표방하며 우리나라의 대표 섬인 제주도를 배경으로 CF를 찍기도 했다. 녹차와 감귤, 유채꿀 등 제주에서 나는 원료를 활용하여 제품을 만들기도 하고, 브랜드 컬러도 초록색으로 잡아 '초록＝이니스프리'라는 이미지를 전달하고자 했다. 또한 지구를 지키는 활동을 놀이처럼 하자는 취지의 '플레이 그린 캠페인'을 벌이기도 하고, 사막화 방지를 위해 나무를 심는 '이니스프리 숲 캠페인'을 진행하며 브랜드가 추구하는 자연주의 콘셉트에 부합하는 사회공헌활동을 하는 등, 정확한 브랜드 아이덴티티를 갖고, 또 그것을 끊임없이 고객에게 어필했다. 그리고 2014년 1월 '누구나 쉬어 갈 수 있는 SNS 속 작은 섬, 이니스프리 아일랜드'라는 콘셉트로 인스타그램 계정을 오픈했다.

이니스프리가 인스타그램 마케팅의 성공 사례로 손꼽히는 이유는 여기에 있다. 브랜드가 명확한 콘셉트를 갖고 있다 하더라도 SNS 계정에는 그 콘셉트와는 다른 방향성의 콘텐츠를 제작하여 운영하는 경우가 많은데, 이니스프리는 그동안 쌓아놓은 브랜드 이미지를 고스란히 SNS 계정으로 옮겨와 일관된 메시지를 전달했던 것이다. 그로써 고객에게 이니스프리만의 아이덴티티를 확고하게 자리 잡히게 했다.

메시지의 시각화

이니스프리는 인스타그램 계정 개설 당시 섬이라는 콘셉트에 맞추기 위해 제주도를 배경으로 콘텐츠를 만들었으며 제주의 감성을

이니스프리의 봄, 여름, 가을, 겨울을 보여주는 게시물들

그대로 담아내기 위해 노력했다. 실제로 제주에 거주하며 제주 포토에세이로 유명한 전문 사진가가 사진과 영상을 담당했으며, 감성적인 필터를 일관성 있게 사용하여 시각적 통일성을 살려냈다.

제주도의 풍경과 제품을 어우러지게 담은 '제주 소녀의 일상'이라는 콘셉트의 감성적인 사진을 올리는가 하면 제주의 멋진 사계절 풍경을 드론으로 촬영한 '리얼 제주'라는 영상을 업로드하기도 했다. 또 모든 콘텐츠에는 시즌별로 통일된 색감을 입힘으로써 안정되고 편안한 느낌을 주었다. 콘텐츠만으로도 이니스프리의 화장품이 제주에서 얻어지는 원료로 만들어진다는 것이 느껴지고, 브랜드가 추구하는 가치인 '자연주의', '청정 제주'가 전달되도록 한 것이다.

뿐만 아니라 제주의 숨겨진 명소를 소개하는 '리얼 제주' 영상을 통해 해외 팔로워를 사로잡기도 하고, 서울에서 직장생활에 지친 주인공 '인희'가 사표를 내고 제주 한 달 살기를 하며 겪는 에피소드를 60초의 숏폼 형식으로 짧게 담아낸 영상 콘텐츠 '어쩌다 제주'를 통해 다양한 볼거리를 보여주며 팔로워들을 붙잡았다.

사실 지금은 초창기에 갖고 있던 이니스프리만의 감성과 색감이 사라지고 조금은 다르게 운영되고 있어 개인적으로는 아쉬움이 있다. 그러나 브랜드가 갖고 있는 정체성과 고객에게 전달하고자 하는 메시지를 시각화하여 정확히 각인시켰다는 점에서 여전히 성공 사례로 회자되고 있다.

이니스프리의 제주도 여행지 추천 게시물

제주의 풍경 게시물   웹드라마 〈어쩌다 제주〉

시선을 사로잡는 콘텐츠, 지금부터 시작

이렇듯 이니스프리는 콘텐츠의 이미지를 통해 브랜드 자체를 시각화하여 고객에게 전달했다. 프랑스의 철학자 장 보드리야르(Jean Baudrillard)는 저서 《시뮬라시옹》에서 고객은 물건을 구매할 때 제품의 질보다는 그 제품이 가진 이미지를 구매한다고 했다. 아주 오래전부터 인간은 보여지는 것에 쉽게 미혹되는 본성을 가지고 있었다는 것이다. 그렇기에 콘텐츠에서 사진은 매우 중요한 역할을 할 수밖에 없다.

멋진 콘텐츠를 만들기 위해 보정을 하거나 색감을 입히는 등의 기술적인 이야기는 차차 하도록 하겠다. 그렇지만 실전에 들어가기 전, 다양한 콘텐츠를 만들기 위한 재료인 사진은 많이 찍어둘수록 좋다. 간단한 법칙을 미리 알아놓고, 내 휴대폰에 콘텐츠를 만들기 위한 재료들을 만들어두자. 휴대폰에 적어도 5,000장 이상의 사진이 쌓일 때까지, 충분히 찍어놓도록 한다.

사진은 깔끔한 배경에서 찍도록 하자. 그래야 보정을 하거나 색감을 입힐 때 방해가 되는 것들이 없어진다. 제품이나 음식 사진일수록 더욱 그렇다.

아무리 예쁜 가방도 뒷배경이 너저분하면 눈이 가지 않는다. 아무리 맛있는 음식이라도 뒷배경이 너무 화려하면 배경에 눈에 가지, 음식에 눈이 가지 않는다. 즉 강조하고 싶은 상품 외의 것들은 과감하게 배제하는 것이 좋다. 시간이 지나 사람들이 이미 그 상품을 인식하고 알게 된다면 그 후에는 다양한 데코레이션을 해도 좋다. 그러나 시작은 상품이든 음식이든, 내가 보여주려는 대상에 집중할 수 있도록 배경을 단순화시키는 것이 좋다.

만약 하나의 사진에 여러 아이템을 담아야 한다면 다양하게 재배치하며 최적의 모습을 찾아보자. 음식과 식기를 같이 놓는다면 식기를 음식 위에 얹어보기도 하고, 옆에 나란히 놓아보기도 하는 등 예뻐 보이는 각도와 배치를 찾아보자.

여성들이 셀카를 찍을 때 흔히들 하는 말이 "10장 찍어야 1장 건진다"이다. 자신을 돋보이기 위해 찍는 셀카도 그 정도의 노력을 들이는데, 많은 고객에게 보이게 될 상품 사진이라면 1장을 건지기 위해 100장을 찍는 노력 정도는 들여야 하지 않을까.

음식을 만들기 위해서는 재료가 중요하듯 콘텐츠를 만들기 위해서는 사진이 중요하다는 것을 명심하고, 시간이 날 때마다 다양한 사진을 찍어두도록 하자.

캐릭터로 승부수를 띄우다,
OK저축은행

TV 광고가 막힌 대부업, SNS에서 돌파구를 찾다

지난 2015년 대부업법이 개정되면서 저축은행의 TV 광고는 규제 대상이 되었다. 어린이나 청소년이 시청 가능한 오전 7시부터 9시, 오후 1시부터 10시와 주말 오전 7시부터 오후 10시까지는 저축은행 광고를 방송하지 못하도록 한 것이다.

또한 휴대전화나 인터넷 등을 통해 편하게 대출받을 수 있다는 표현이나 자극적인 대출 광고도 제한했다. 어린이와 청소년이 대출에 대해 쉽게 생각해 잘못된 금융 관념을 가질 수 있기 때문이다. 또한 광고로 인해 고금리의 저축은행이 고객에게 대출에 대해 긍정적인 시각을 심어준다면 가계부채가 늘어날 수 있다는 우려 때문이었다.

2020년 5년 만에 법이 개정되어 무분별한 대출을 조장하는 광고가 아니라 충분히 조심성 있는 콘텐츠나 스토리로 심의에 통과한 광고는 TV 방영이 가능하게 되었지만, 그것과 별개로 이전부터 저축은행들의 광고비는 꾸준히 늘어왔다. 제2금융권은 제1금융권과는 달리 고객의 충성도가 낮고, 금리나 혜택에 따라 이동하기 때문에 이들은 규제가 강화된다 하더라도 지속적인 광고를 해야만 하는 업종 중 하나다. 그렇다면 늘어난 광고비는 어떻게 쓰인 걸까? 이들이 찾은 돌파구는 SNS였다.

모든 업종의 경쟁이 심화된 지금, 사업을 하는 데 마케팅은 더 이상 선택이 아니라 필수불가결한 하나의 프로세스가 되었다. 저축은행과 같이 정부의 규제로 인해 광고가 어려워질 수도 있고, 자영업자들이라면 촉박한 예산으로 인해 광고가 어려워질 수도 있다.

다양한 매체 광고 중 SNS 마케팅은 TV 광고를 대신하거나 적은 예산으로도 진행할 수 있고 비용 대비 충분한 효과를 볼 수 있는 가장 적합한 대체재이다. 일방향이 아닌 양방향 소통이 가능하며, 고객의 의견을 직접적으로 들을 수 있어 평가의 바로미터라 할 수 있다. 또 콘텐츠에 따라 빠르게 광고 대상을 확산시키며 바이럴(입소문)을 일으킬 수도 있다.

규제도 없고, 예산도 필요 없다. 누구나 쉽게 할 수 있으며 누구나 이슈를 만들 수 있는 자유로운 마케팅 시장이 바로 SNS다.

OK저축은행은 다양한 저축은행 중 유튜브, 페이스북, 인스타그램을 모두 섭렵하며 많은 팔로워를 보유한 캐릭터 마케팅의 강자이다. OK저축은행이 운영하는 SNS 계정 중 인스타그램 계정은 캐릭터를 통해 젊은 세대들에게 즐거움을 주며 공감과 소통에 집중한 대표적인 계정으로 손꼽힌다. 계정의 아이디부터 기업명을 앞세운 다른 곳과는 다르게 OK저축은행이 아닌 '히어로 웃맨'이라는 계정으로 웃맨의 일상을 담아냈다.

웃맨은 OK저축은행의 사명 중 OK를 옆으로 돌려 비슷한 모양의 '웃'이라는 한국어 글자를 이름으로 붙인 엉뚱한 히어로 캐릭터를 착안해낸 것이다. 의인화한 이 캐릭터는 당근을 좋아해 모든 음식을 당근으로 만들어 먹으며, 뼈 역시도 당근 모양으로 생기는 등 B급 정서 코드를 앞세워 다양한 개성을 부여했다. 계정 내에 금융상품에 대한 내용이나 관련된 광고는 하나도 찾아볼 수 없다는 것이 큰 특

OK저축은행 캐릭터 웃맨 인스타그램 계정

징이다.

페이스북 계정도 활발하게 운영되고 있는데, 회사생활을 드라마 형식으로 구성한 콘텐츠를 올리며 고객들과 공감대를 형성하면서 각 저축은행들의 공식 페이스북 계정 중 가장 많은 팔로워 수를 자랑하고 있다. 유튜브 채널로는 OK저축은행과 웃맨, 두 가지 채널을 동시에 운영하고 있으며 웃맨 계정의 채널은 2017년 8월 이후로 꾸준히 콘텐츠를 업로드하고 있다.

캐릭터는 힘이 세다

대부분의 사람들은 대부업에 대해 긍정적 이미지보다는 부정적인 이미지를 가지고 있는 게 사실이다. 법의 경계선을 아슬아슬하게 줄 타면서 영업 성과를 올리고 제1, 제2 금융권과 달리 '어두운 돈'을 취급하는 게 아닌가 하는 근거 없는 의심을 하기도 한다.

그런데 웃맨은 이런 부정적 이미지를 일시에 해소해 주었다. 이것이 캐릭터의 힘이다. 친화력과 유머 코드로 소비자를 무장해제 시킨 것이다. 한 발 더 나아가, 웃맨은 다른 이들의 고민을 해결해 주고 부조리한 문제를 '당근(당연)'한 순리의 해답으로 풀어주면서 부정적인 이미지를 긍정적인 모습으로 단번에 탈바꿈시켰다.

OK저축은행은 기업을 홍보하고 상품을 파는 것에 집중하기보다는 20~40대 고객이 흥미를 가질 만한 이야기를 전달하는 것에 주안점을 두었다. 또 웃맨이라는 캐릭터를 이용해 특색 있는 콘텐츠를 지속적으로 생산해내면서 저축은행이 갖고 있던 부정적인 이미지를 어느 정도 탈피할 수 있었다. 익살맞은 캐릭터에 만화 형식의 콘텐츠가 이런 변신을 가능케 했다. 웃맨의 유튜브 계정은 2020년 1월에는 구독자 10만 명을 달성하여 실버버튼을 획득했으며, 현재는 60만 명 가까운 구독자를 보유하고 있다.

정보의 집,
오늘의집

누구나 찾는 집, 오늘의집

인테리어 소품을 살 수도 있고, 인테리어 업체를 중개도 해주는 '오늘의집'이라는 플랫폼이 있다. 이곳은 2020년 5월 말, 업계 최초로 누적 앱 다운로드 수 1,000만을 돌파했고 2021년에는 누적 다운로드 수 2,000만을 돌파하면서 인스타그램 팔로워 130만 명을 보유한 막강한 플랫폼으로 거듭나고 있다. 오늘의집이 이렇게 단시간에 업계의 강자로 떠오를 수 있었던 데에는 SNS 계정의 힘이 컸으며, 실제로 오늘의집은 SNS 계정을 매우 훌륭히 운영하는 업체로도 유명하다.

오늘의집은 온드미디어(Owned Media, 조직이 자체적으로 보유한 미디어로 홈페이지 외에도 페이스북 페이지, 트위터 계정, 유튜브 채널 등과 같은 자사 소셜 미디어도 포함된다)에 투자를 아끼지 않았다고 하는데, 그렇다면 설립 7년 차의 이 스타트업 회사는 TV 광고 하나 없이 어떤 마케팅을 통해 이러한 성과를 올릴 수 있었을까?

고객과 함께 만드는 UGC 콘텐츠

집값이 천정부지로 오른 요즘, 집을 사는 것은 살아가는 데 필수요건인 의식주 중 하나를 갖추는 것이 아니라 좀처럼 이루기 힘든 먼 꿈이 된 것 같다. 집은 월세를 사는 이에게는 필요하지만 부담을 안겨주는 공간이 되기도 하고, 전세를 사는 누군가에게는 매매를 통해 소유하고자 하는 평생의 목적이 되기도 한다. 월세든 전세든, 우리는 모두 집이라는 공간에 살고 있다. 그러나 모두가 드라마에 나오는 것처럼 예쁘거나 화려한 곳에 살고 있는 것은 아니다.

이러한 상황에서 오늘의집은 누구나 예쁜 집에 살 수 있으며 그 가치를 유저들과 함께 만들어간다는 슬로건을 내걸고 집 꾸미기에 대한 정보를 주는 것에 초점을 맞추었다. 평수가 작든 크든, 또 집을 훼손하거나 리모델링을 하지 않더라도 집은 어떻게 꾸미는가에 따라 달라질 수 있다는 것을 보여준다.

오늘의집 인스타그램 계정에 들어가면 이런 집에서 살아보고 싶다는 생각이 들고, 욕구와 함께 클릭할 수밖에 없는 콘텐츠들이 넘쳐난다. 그리고 그 콘텐츠들 안에서 자연스럽게 다양한 인테리어 소품들이 노출되기도 한다.

그렇지만 오늘의집이 보여주는 콘텐츠들이 모두 다 이 회사에서 만들어낸 자체 콘텐츠는 아니다. 오늘의집은 UGC 콘텐츠를 통해 고객과 함께 계정을 만들어가고 있다는 점에서 다른 기업과는 차별성을 지닌다.

UGC 콘텐츠란 'User Generated Contents'의 줄임말로 소비자가 직접 주체가 되어 만들어내는 콘텐츠를 말한다. 집이라는 한정된 공간의 특성상 자체적으로 콘텐츠를 만드는 것은 다양성 면에서 한계가 있다. 한편 SNS를 하는 사람들은 내가 산 물건, 내가 먹은 음식을 업로드하며 정보를 공유하고 싶어 한다. 그리고 현재의 유저들은 적나라한 광고보다는 신뢰감 있는 후기나 추천에 더욱 구매 욕구를 느낀다. 오늘의집은 '온라인 집들이'라는 콘셉트를 통해 예쁘게 꾸민 자신의 집을 보여주고 싶어 하는 유저들의 니즈와, 집을 예쁘게 꾸미는 방법을 알고 싶고 실제로 꾸민 모습을 보며 따라 하고 싶어 하는 유저들의 니즈를 정확히 충족시켰다. 또 사용자들이 지속적으로 생산하는 콘텐츠들을 함께 공유함으로써 다른 사용자들에게 공감하고 신뢰할 수 있는 다양한 볼거리를 제공할 수 있었다.

그러나 오늘의집이 단순히 고객들의 후기만으로 콘텐츠를 생산해내는 것은 아니다. 자취방, 신혼집, 원룸, 아파트 등의 주거 환경이나 분위기, 컬러 등의 스타일, 또는 그 시기에 유행하는 감성 등과 관련된 인테리어와 소품들을 적절히 활용한 자체 콘텐츠들도 함께 제공하고 있다.

매출까지 이어지는 쇼퍼블 콘텐츠

SNS 마케팅을 통해 기업들은 브랜드 이미지를 쇄신하기도 하고, 유저들과 소통하며 그들의 니즈를 파악하여 제품 생산에 반영하기도 한다. 물론 SNS 계정을 운영하는 모든 기업이 추구하는 마지막 목적은 매출 상승일 것이다. 그런 의미에서 오늘의집은 인스타그램의 인터랙티브한 기능들을 최대한 활용하며 매출까지 연결시키는 똑똑한 SNS 운영을 하고 있다. 오늘의집은 사진에 가장 최적화되었으며 태그를 통해 사용자들의 계정과 연결할 수 있는 채널인 인스타그램의 기능을 활용해 사용자들이 더 자발적으로 콘텐츠를 올릴 수 있도록 만들었고, 이는 자연스럽게 다수의 팔로워를 모았다.

업데이트된 인스타그램은 하이라이트 영역을 만들어 계정 상단에 잘 보이도록 배치하였고, 틱톡과 같이 짧고 재미있는 동영상 클립을 만들 수 있는 '릴스'라는 기능을 추가했다. 일상의 순간을 나누고 투표 및 대화를 하며 실시간 소통을 할 수 있는 스토리라는 기능과 상품 태그를 통해 결제하고 구매까지 할 수 있는 쇼핑 기능도 추가했다.

오늘의집은 이렇게 인스타그램이 개편을 하자마자 일반적인 피드 업로드뿐 아니라 하이라이트, 릴스 같은 새로운 기능을 적극 활용했으며, 인스타그램의 온라인 쇼윈도와 같은 '숍' 기능과 '제품 태그' 기능이 생기자 곧바로 숍을 개설하여 콘텐츠와 쇼핑을 연결했다. 그 결과 다수의 팔로워들은 오늘의집 콘텐츠와 숍으로 자연

'제품 태그' 기능과 '숍' 기능을 적절하게 활용하는 오늘의집 인스타그램 계정

스럽게 유입되었다. 단순히 상품을 소개하고 기능에만 중점을 맞춘 온라인 숍 형태로 다가간 것이 아니라, 고객에게 흥미를 심어주고 정보를 주는 콘텐츠를 통해 많은 잠재적 고객을 확보하는 것에 초점을 맞추었던 것이다. 또한 자사의 쇼핑몰을 커뮤니티로 활용했으며 SNS에 새로운 기능이 출시되었을 때 발 빠르게 파악함으로써 구매까지 직접 이어지는 연결고리인 쇼퍼블 콘텐츠를 만들었다. 이는 광고의 거부감을 덜고 매출은 상승시키는 효과를 가져왔다.

고객이 원하는 것을 보여주는 것, 그리고 그것을 통해 자연스럽세 구매로 연결시키는 것은 콘텐츠를 통해 가능하며, 거부감 없이 매출로 연결시킬 수 있는 것 역시 콘텐츠가 가진 힘이다.

SNS 이벤트는 한계가 없다,
신한카드

SNS로 옮겨간 기업 이벤트

이벤트는 단기간에 고객에게 기업을 알리며 이슈를 일으킬 수 있는 효과적인 마케팅 방법이다. SNS가 활성화되기 전에도 기업들은 다양한 이벤트를 통해 고객과의 소통을 시도했다. 그러나 오프라인 이벤트는 지역과 대상이 한정되어 있고, 홈페이지를 통한 이벤트는 일방적 공지와 같기 때문에 그 기업의 홈페이지를 찾아 들어가야 하는 번거로움이 있었다. 그렇기에 기존의 이벤트는 이슈를 만들기에도, 고객들과 양방향 소통을 하기에도 역부족이었다.

SNS가 출시된 이후 기업들은 앞다투어 계정을 개설하고 홍보하며 SNS가 가진 특성을 활용하여 다양한 이벤트를 시도했다. SNS 이벤트는 SNS를 사용하는 많은 고객들에게 노출할 수 있고, 누구나 쉽게 접근할 수 있어 홍보 효과가 배가되며, 고객들의 피드백도 받을 수 있다. 고객이 작성하는 댓글을 모니터링함으로써 다 방면으로 보완할 수 있고, 이를 통해 계정 팔로워도 늘릴 수 있으 므로 많은 기업들은 SNS를 통한 이벤트를 선호하고 있다.

기업들이 SNS 이벤트에 집중하는 가장 큰 목적은 하나다. 바로 팔로워를 늘려 영향력을 확보하는 것이다. 특히 요즘 가장 인기가 있는 인스타그램을 이용해 마케팅하기 위해서는 팔로워 수가 중 요하다. 팔로워가 늘어나면 매출이 늘어난다는 것은 이미 많은 성 공 사례를 통해 증명되었다. 또한 많은 팔로워를 보유하고 있어야 특별한 이벤트가 아닌 친구 소환 이벤트, 댓글 이벤트, 해시태그 이벤트와 같은 간단한 이벤트에도 많은 참여자가 생길 수 있다. 신 한카드가 '신한pLay' 앱을 출시하여 빠르게 확산할 수 있었던 것도 월 2,000만 명가량의 소통력을 가진 다양한 소셜 미디어 채널을 지속적으로 운영해왔기 때문이다.

금융권 이벤트는 SNS가 주효하다

이벤트는 SNS를 통해야 효과가 높다는 것이 이제는 공식처럼 되었 지만 쉽사리 손을 뻗을 수 없는 업종들이 있다. 그중 하나가 방금 언급한 신한카드와 같은 금융권이다. 금융권은 긴장을 늦추면 금 융사고로 이어지는 구조를 갖고 있기에 고객과의 소통 역시 정형 화되고 보수적일 수밖에 없었으며, 안전한 기업 이미지를 보여주 는 마케팅을 고수했다. 그러나 디지털 환경 변화로 금융 역시 많은 부분이 오프라인에서 온라인으로 옮겨졌고, 스마트 금융이 보편화되면서 올드한 이미지는 오히려 신뢰도를 떨어뜨리게 되었다.

사람들은 처음 금융거래를 시작하면 다양한 이유로 인해 주거래 은행이나 카드를 쉽게 바꾸지 않는 특성이 있다. 그러나 변화되지 않는 금융권의 마케팅으로는 처음 금융사를 선택하는 MZ세대를 사로잡기 힘들다. 시대의 흐름을 읽고 따라가는 트렌드한 이미지가 고객의 마음을 사로잡는 지금, 금융권의 마케팅도 큰 변화를 맞이한 셈이다.

목표 설정의 차이

신한카드는 2020년 대한민국 소통 어워즈 소셜미디어 대상을 수상한 이력이 있는 소셜미디어 운영의 강자이다. 2014년 SNS 채널을 오픈했으니 다른 금융사들에 비해 시작은 조금 늦었던 편이다. 그러나 페이스북 계정을 개설한 지 6개월 만에 금융권 최초로 50만 명의 팬을 확보했으며, 2016년에는 페이스북 팬 수 상위 50위권 안에 포함된 유일한 금융사가 되었다. 인스타그램 계정 역시 현재 카드사들 중 가장 많은 팔로워인 75만 명을 보유하며 인스타그램 운영의 교과서로 꼽히고 있다.

신한카드는 SNS 운영을 시작하며 '젊고 세련되며 트렌드를 이끌어가는 이미지 구축'이라는 목표를 세웠다고 한다. 채널 운영을 시작할 때 가장 중요한 것이 확고한 목표 설정이지만, 여전히 많은 기업들이 단순히 시대의 트렌드를 따라가기 위해 의무적으로 SNS를 활용하는 경우가 많다. 그러나 신한카드를 포함하여 SNS 운영의 성공 사례로 손꼽히는 기업들은 처음부터 정확하게 목표를 설정했다는 것을 알 수 있다. 비단 기업뿐만 아니라 소상공인이나 개인이라 해도 처음에 목표와 콘셉트를 확실하게 잡아야 방향성을 갖고 운영을 할 수 있으며, 채널의 콘텐츠도 일관성이 있어야 보기에도 좋고, 이미지를 구축하는 것도 더 수월하다.

어떤 계정은 각기 다른 콘텐츠들이 올라와 있어도 정돈된 느낌을 주어 피드를 하나하나 살펴보고 싶어지는가 하면 어떤 계정은 따로국밥처럼 콘텐츠들이 뒤죽박죽 얽혀 있는 것처럼 복잡하게 보이기도 한다. 그런 계정은 콘텐츠를 보고 싶지도, 팔로우를 하고 싶지도 않다. 정확한 목표 설정이 불러온 결과물의 차이다.

작더라도 꾸준히

신한카드는 '젊고 세련되며 트렌드를 이끌어가는 이미지 구축'이라는 방향성을 갖고 시작했다. 하지만 그렇다고 10대들이 쓰는 은어나 유행어를 남발한 것은 아니었다. 계정의 팔로워나 팬의 범위가 좁아지면 그만큼 잠재 고객이 적어지기 때문에, 순간의 이슈에 집중하기보다 누구나 쉽게 접근하고 공감할 수 있도록 자극적인 콘텐츠는 배제하고, 다양한 세대들이 재미를 느낄 수 있는 콘텐츠를 만들었다.

다양한 이벤트를 진행하는 신한카드 인스타그램 계정

　　신한카드의 인스타그램 계정을 살펴보면 크고 작은 이벤트들이 있다. 숨은그림찾기, 퍼즐 조각 찾기, 단어 맞추기 등 댓글로 바로 참여할 수 있는 이벤트부터 신한카드 전광판 찍기, 설문조사, 그림대회처럼 신한카드를 생각하며 조금 더 노력을 들여야 하는 이벤트들까지, 수많은 이벤트들을 진행한 것을 볼 수 있다. 매주 다양한 경품을 걸고 이렇게 크고 작은 이벤트를 지속하고 있다.

　　이 중 '신한'이라는 단어를 넣은 '참신한글판 문안공모전'은 꾸준히 진행하고 있는 신한카드의 대표적 기획 이벤트이다. 시기별로 다양한 주제로 참신한 문구를 공모하고, 당선되면 200만 원 상당의 기프트 카드와 선물 등을 시상하며, 당선된 문안을 블루스퀘어 신한카드홀 외벽에 게시하기도 한다. 200만 원이라는 상금이 한 사람에게 주어지는 것이 아니고, 최소 20명 이상의 당선자들을 뽑기 때문에 큰 금액이라고 볼 수는 없다. 또한 피자나 아이스크림

같은 1만 원대의 상품권을 제공하는 소소한 이벤트들도 있다. 이러한 이벤트들은 고객이 간단하게 참여할 수 있으며, 신한카드 계정에서는 지속적으로 다양한 이벤트를 진행한다는 것이 인식되어 있으므로, 팔로워들은 신한카드의 인스타그램 계정에 지속적으로 들어오면서 이벤트에 참가하고 있는 것이다.

이렇게 감탄할 정도의 다양한 아이디어로 꾸준히 이벤트를 업로드한 신한카드 계정은 홍보성 콘텐츠에만 집중한 기타 기업계정들과 차별성을 보이며 많은 팔로워를 보유할 수 있었다. 또한 팔로워들이 이벤트를 리그램(게시물을 자신의 피드에 공유하는 것)하면서 또 다른 팔로워들이 유입되며 계정은 지속적으로 성장하고 있다.

우리는 신한카드의 계정을 통해 다양한 아이디어를 참고할 수 있지만, 이벤트라고 해서 꼭 큰 규모로만 진행할 필요는 없다는 것도 배울 수 있다. 대대적인 이벤트를 통해 이슈를 만들고 한 번에 많은 팔로워를 유입시키기 위해 욕심을 내기보다는, 적더라도 꾸준히 고객에게 리워드를 준다면 충성 고객을 확보할 수 있다. 그리고 나의 계정에 한 명의 충성 고객을 만든다면 그 한 명이 끝이 아니라 그 고객을 팔로우한 사람들 역시 나의 잠재 고객이 될 수 있다는 것도 명심하자. 그것이 바로 SNS라는 매체의 특성이다.

해시로 태그하다,
스타벅스

해시태그의 탄생

인터넷이 발달하며 새로운 용어들이 많이 생겨났다. 그중 SNS의 발달로 인해 고유명사로 자리 잡은 용어가 있는데, 바로 '해시태그'이다. 해시태그는 게시물에 다는 일종의 꼬리표로써, 작성한 게시물과 관련된 핵심 문구 앞에 해시('#') 기호를 써서 '#특정 단어'와 같은 형식으로 작성하고, 해당 게시물이 특정 단어에 대한 글이라는 것을 표현한다. 해시(Hash)와 게시물을 묶는다는 뜻의 태그(Tag)를 함께 붙인 '해시태그'라는 용어에 걸맞게 그 게시물과 연관된 게시물을 함께 찾아볼 수 있는 기능도 있다.

해시태그가 처음부터 SNS 용어로 사용된 것은 아니었다. 본래는 개발용어에서 사용하는 C언어 중 하나로, 우선적으로 처리해야하는 명령어 앞에 붙는 기호라고 한다. 구글 개발자이자 소프트웨어 전문가인 크리스 메시나(Chris Messina)가 2006년 7월 출시된 단문 SNS인 트위터에서 쏟아지는 정보들을 기호를 사용해 특정 주제로 묶어보자고 제안한 뒤 2007년 8월에 처음 사용되었다.

초기에는 개발자들이나 쓸 법한 해시태그 기호가 사람들의 긍정적인 반응을 얻지는 못했다. 그러나 관련 소식들을 한데 모아 서로 공유할 수 있는 편리함을 알게 되면서 점차 사용이 늘어났고, 2009년 트위터가 모든 해시태그에 링크를 달아 해시태그 검색 시 똑같은 해시태그를 단 글을 검색한 결과를 노출시키는 서비스를 제공하면서 해시태그는 트위터의 핵심적인 기능으로 자리 잡았다.

해시태그의 기능과 매력에 빠진 사람들이 늘어나자 2011년 1월 인스타그램에 이어 2013년 6월 페이스북, 텀블러, 유튜브 등 거의

2016년 스타벅스에서 진행한 '레드컵 아트 콘테스트' 이벤트 　　　　　출처: 스타벅스

모든 SNS 플랫폼들이 해시태그 기능을 도입했다. 그 결과 SNS를 통해 보고 싶은 콘텐츠들을 한눈에 찾아볼 수 있게 되었고, 같은 관심사를 지닌 사용자들이 더욱 활발하게 소통할 수 있었다.

SNS의 아이덴티티, 해시태그

가끔 SNS 마케팅 초보자들의 콘텐츠를 보면 해시태그를 붙이지 않거나 엉뚱한 해시태그를 덧붙이는 경우들이 있다. 이는 해시태그가 가진 기능과 능력을 모르기 때문이다. 해시태그는 내 게시물을 어디에 보이게 할 것인지 좌표 역할을 하며, 누구에게 보이게 할 것인지 타깃 설정의 역할도 할 수 있다. 또한 내가 설정한 해시태그에 많은 사람들을 모이게 하는 모객 역할을 하기도 한다. 해시태그 하나만 잘 활용해도 광고 효과를 볼 수 있는 것이다.

스타벅스는 해시태그 덕을 톡톡히 본 기업이다. 매년 크리스마스 시즌이 되면 스타벅스는 특별한 컵 디자인과 함께 크리스마스 시즌을 기념했다. 그러나 2015년 스타벅스가 연말을 맞아 출시한 컵은 과거와 다르게 특별한 디자인 없이 빨간 배경에 로고만 들어가 있었다. 스타벅스의 레드컵을 기다리던 고객들은 단순하고 성의 없는 디자인에 실망했다. 심지어 기독교를 무시하는 의미가 담겨 있다며 비판을 넘어서 불매운동까지 벌이는 이들도 있었다.

그런데 아무런 디자인이 없는 이 빨간 컵에 그림을 그려 SNS에 올리는 사람들이 생겨나기 시작했고, 이를 눈여겨본 스타벅스는 하나의 아이디어를 생각해냈다. 사용자들이 직접 장식한 스타벅스의 레드컵 사진을 인스타그램에 게시하고 해시태그에 #redcup을 붙여 업로드해줄 것을 부탁한 것이다. 그리고 이는 '레드컵 아트 콘테스트'라는 이름의 이벤트로 이어졌다. 많은 사람들이 컵 안에 크리스마스와 관련된 그림을 그려 업로드하며 이벤트에 호응했고, 세계 각국에서 총 1,200여 개의 작품이 출품되었다. 스타벅스는 이에 그치지 않고 많은 작품 중 한국을 포함한 6개 국가에서 13개의 디자인을 선정하여 컵으로 출시, 전 세계 2만 3,000여 개의 스타벅스 매장에서 사용했다. 그 결과 자신이 디자인한 컵이 전 세계에서 출시되어 사용하게 될 수도 있다는 고객의 기대감과 관심을 얻어냈고, 브랜드 이미지에 타격을 주고 불매운동으로까지 이어지던 위기를 SNS와 해시태그를 통해 극복한 것이다.

SNS, 어떻게 활용할 것인가

앞서 말한 것과 같이 SNS 마케팅의 핵심은 콘텐츠이다. 그리고 콘텐츠를 활용하는 마케팅 방법은 다양하다. 단순히 콘텐츠를 만드는 것에 그치는 것이 아니라 빙그레의 사례와 같이 고객과 소통하는 창구로 활용하며 재미있는 놀이 요소로 만들 수도 있고, 이니스프리의 사례와 같이 감상할 수 있을 만한 질 좋은 퀄리티의 콘텐츠로 고객을 끌어당길 수도 있다. 또 OK저축은행처럼 특정 캐릭터를 만들어 콘텐츠의 소재로 활용할 수도 있으며, 오늘의집과 같이 정보를 제공하는 콘텐츠로 고객의 욕구를 충족시킬 수도 있다. 크고 작은 이벤트를 열어 끊임없이 고객을 유입시키는 방법도 있으며, 해시태그를 통해 콘텐츠를 알리거나 고객을 응집시키고, 이슈를 만들 수도 있다.

이제 우리는 SNS를 활용할 수 있는 다양한 방법들을 알게 됐다. 이 모든 방법들을 하나씩 시도해볼 수도 있고, 한 가지 콘셉트를 잡아 피드를 채울 수도 있을 것이다. 다양한 예시를 통해 접근 방법을 알았으니 이제 본격적으로 접근해볼 차례다.

3장

바로 매출이 2배
오르는 하루 30분
SNS 마케팅 스타트

내가 한 광고로 바로
매출 100배 올리기

SNS의 세계에는 다양한 사람들이 있다. 진지한 사람, 가벼운 사람, 재미를 좇는 사람, 교훈을 찾는 사람 등 이 세상에 존재하는 수많은 사람들의 성격만큼이나 다양한 유저들이 SNS의 바다를 헤엄치고 있다. 사람들의 성격과 입맛이 다양하듯 그들이 찾는 콘텐츠들도 다양할 수밖에 없다. 매출을 상승시키는 기적의 콘텐츠, 매출을 하락시키는 잘못된 콘텐츠, 그리고 거대 자본과 많은 인력이 투입되었음에도 실패로 이어진 기업의 SNS 운영 사례를 보다 보면, 결국 SNS 마케팅의 성공 공식은 없는 것인가 하는 의문이 들기도 한다.

사실 그렇다. 성공할 수 있는 필승의 공식은 없다. 수학 문제처럼 명확한 답이 있는 것도 아니다. 이 말에 어쩌면 좌절할 수도 있겠지만, 그렇기에 또 다른 가능성이 열려 있다는 것에 집중해야 한다.

주어진 성공의 공식대로 모두가 실행한다면 상대평가가 될 것이고, 그 상대평가에서 승리하는 것은 언제나 거대 자본과 많은 인력이 투입된 기업이 될 수밖에 없다. 그러나 다양한 사람들의 성격만큼이나 언제 어디서 나의 계정이, 나의 콘텐츠가 이목을 받을 수 있을지 알 수 없는 것이 SNS 시장이다. 이는 기업이 제패한 대부분의 오프라인 시장과는 상반된다. 즉, 적은 투자와 개인의 노력만으로도 성공할 수 있다고 해석해도 무방하다. 홀로 SNS를 관리하며 연 매출 12억 원을 달성한 케이크 가게의 사장님도 있고, 손님의 의견을 적극 반영한 덕에 자연스럽게 SNS 후기가 넘쳐 연 매출 4억 원을 달성한 김밥집 사장님도 있다. 이는 온전히 개인의 역량으로 성과를 달성한 사례이다.

성공 사례의 공식을 굳이 찾고자 한다면 나는 기초적인 지식과 꾸준함, 이 두 가지가 SNS 마케팅 성공의 초석이라고 말하고 싶다. 번뜩이는 창의력과 시선을 강탈하는 이미지 제작 기술은 일단 접어두고, 먼저 성공의 초석을 다져보자.

남들이 다 하는 마케팅에서 나만의 마케팅으로

내가 한창 회사를 운영하던 2015년만 해도 인스타그램 계정을 스스로 관리하는 자영업자들은 많지 않았다. 지금이야 네일숍이나 헤어숍을 운영하면서 인스타그램으로 다양한 디자인을 보여주는 것이 보편화되었지만, 그때는 CPC(클릭당 과금이 되는 광고) 형식의 파워링크 영역에 매장의 홈페이지를 노출하거나 파워블로거나 인플루언서를 모집하여 무료로 체험하게 해주고 그들의 블로그나 인스타그램에 업로드하게 하는 '체험단 마케팅'이 주를 이뤘다. 자영업자 개인이 계정을 운영한다는 것은 번거롭고 시간이 많이 들며 어려울 것이라 생각했기에 엄두를 내기도 힘들었다.

나는 체험단 마케팅을 진행하던 거래처인 네일숍에 자주 방문하여 네일 관리를 받곤 했는데, 가끔 방문하여 관리받은 네일의 모습을 사진으로 찍어 내 인스타그램 계정이나 내가 관리하던 높은 지수의 블로그에 올리기도 했다. 내가 관리하던 블로그들은 상단 노출이 잘 되었기 때문에 한번 글을 올리고 나면 '신림동 네일숍' 검색 시 상위 노출이 잘 되었고, 사장님도 그럴 때마다 신규 손님 방문이 느는 편이라고 고마워하셨다.

네일 관리를 받으며 앉아 있노라면 이런저런 이야기를 많이 하기 마련이다. 하루는 이런저런 이야기를 하다 사장님께 인스타그램을 하고 있느냐고 물었더니 사장님이 계정을 보여주셨다. 친구들과 놀러 갔다 온 사진들과 맛있는 음식을 먹은 사진들을 업로드하며 지극히 개인적인 공간으로 활용하고 계셨는데, 그래도 500명 남짓의 팔로워를 보유하고 있었다.

나는 사장님께 이 계정을 활용해서 광고를 해보면 좋을 것 같다고 제안했다. 나에게 광고비를 주고 의뢰하라는 것이 아니라, 숍에 방문해서 네일 관리를 받은 손님들 사진을 찍어서 시간 날 때마다 꾸준히 올리라는 이야기였다. 사장님은 개인 공간이라 그렇게 활용하고 싶지 않다고 단번에 거절했는데, 이야기를 나눠보니 사실은 손님들이 싫어할 것이라는 생각에서였다.

시작은 누구에게나 어렵다

네일숍에는 다양한 디자인의 인조손톱 샘플이 있어, 고객들이 보통 그 디자인을 보고 네일을 고른다. 하지만 우리가 쇼핑몰에서 옷을 구매할 때도 옷걸이에 걸려 있는 옷보다는 사람이 직접 입어 피팅된 옷을 보면 더 신뢰감이 가고, 구매율이 높아진다. 네일도 마찬가지라고 생각한다. 그리고 그렇게 관리받은 손톱을 찍는 것만으로는 아무런 개인정보나 신상이 노출되지 않는다. 사진 촬영에도 시간이 오래 걸리지 않는다.

나는 지금 당장은 단골 고객이 있지만 손님이 세대교체되는 시기가 올 것이고, 그때를 위해 신규 고객을 잡기 위한 마케팅을 지금부터 준비해야 한다는 차원의 이야기를 말씀드렸다. 개인 계정을 활용하고 싶지 않다면 네일숍의 상호명으로 된 새로운 계정을 만들어서라도 꼭 하시길 권유했다.

다음에 방문하자, 사장님은 곧바로 SNS 계정을 보여주셨다. 숍의 이름으로 개설된 계정에는 50장이 넘는 네일 사진이 담겨 있었고, 100명 이상의 팔로워가 있었다.

처음에는 손님들께 "사진 한 장 찍어도 될까요?"라는 말이 잘 안 나왔다고 했다. 바쁜 손님들도 있고, 꺼릴 수도 있다는 생각에 당연히 두려웠을 것이라고 짐작되었다. 잘 오던 단골 손님이라 해도 사진을 찍는다고 하면 귀찮게 느껴 거부하거나 발길을 끊고 숍을 옮겨버릴 수도 있기에, 사진 요청으로 손님을 잃을지도 모른다는 생각도 들었을 것이다. 그러나 고맙게도 나름 광고회사의 대표이자 마케팅 전문가라고 하는 사람이 한 이야기니 한번 해봐야겠다고 생각하셨다고 한다. 그렇게 한 사람 한 사람의 네일 사진을 찍어 휴대폰에 담았고, 손님이 없는 시간에 업로드했다며 자랑스럽게 보여주셨던 것이다.

나의 제안에 귀 기울여주고, 또 자신의 숍을 위해 시간을 투자한 사장님의 모습에서 직업에 대한 프라이드를 느낄 수 있었다. 하지만 처음이라 조금은 서툰 부분도 있었기에 사진을 찍기 전에 테이블을 정리하고 배경 패널이라도 하나 사면 좋겠다고 의견을 드렸고, 해시태그를 붙이는 것에 대해서도 설명드렸다.

프로세스가 바뀌다

계정이 개설된 다음 달 그 숍을 찾았을 때, 기분 좋은 이야기를 들을 수 있었다. 인스타그램 계정에 업로드된 사진대로 해달라는 신규 손님이 왔었다는 것이다. 네일 관리가 끝난 뒤 사진을 찍으며 투자하는 불과 몇 분의 시간, 짬 나는 시간에 관리한 것치고는 꽤 빠르게 나타난 가시적인 성과였다. 계정을 관리하며 내가 올린 콘텐츠를 통해 문의가 온다는 것이 얼마나 기분 좋은 것인지 잘 알고 있기에, 나 역시 뿌듯한 마음으로 축하를 전했다.

그 후 사장님은 SNS를 더욱 적극적으로 관리하였고, 숍에 오는 손님들께 팔로우 요청도 하고, 꾸준히 올릴 테니 보면서 하고 싶은 디자인을 골라보시라는 말도 편하게 하기에 이르렀다. 고객 역시 SNS 계정에서 먼저 디자인을 고를 수 있어, 숍에 와서 샘플을 보며 고르는 시간을 단축할 수 있었다.

시작은 누구에게나 어렵고 귀찮을 것이다. 그리고 모두가 이 네일숍의 사장님처럼 빠른 성과를 낼 수는 없을 것이다. 그러나 될 것이라는 믿음으로 시작했기에 신규 고객을 유치할 수 있었고, 기존 고객을 케어하는 시간도 단축시켜 일석이조의 효과로 바로 매출 상승으로 이어질 수 있었던 것이다.

가슴을 두드려야
서비스가 알려진다

블로그 마케팅의 심장은 사진과 글, 둘 모두다

인스타그램이나 페이스북 같은 SNS 매체에서 고객의 시선을 사로잡기 위해서는 이미지가 매우 중요하다. 눈에 띄는, 클릭하고 싶은 콘텐츠를 만들기 위해 심혈을 기울여 사진을 찍기도 하고, 호기심을 유발하거나 재미 요소를 첨가한 이미지를 제작하기도 한다. 인스타그램 안에서의 글은 최소한의 정보를 담아내는 부수적인 역할이다.

하지만 블로그는 결이 다르다. 블로그는 사진과 글의 비율이 적절히 어우러져야 하며, 콘텐츠 안에 고객이 원하는 정보가 충분히 담겨 있어야 한다. 한두 장의 사진으로 내용을 전달하는 것이 아니라 좀 더 자세하고 꼼꼼한 사진들이 담겨 있어야 하며 상품의 품질과 가격, 실제 사용하고 느낀 후기까지 고객이 찾고자 하는 내용을 가감 없이 담아내야 한다. 그리고 고객이 거부감 없이 읽기 쉽도록 가독성이 있어야 한다. 글이 부수적인 역할을 하는 SNS와 달리 글을 통해 고객의 궁금증을 해결해 주는 것이 블로그 마케팅이다. 따라서 직관적인 이미지와 함께 그 안에 담긴 글에 진정성이 담겨 있어야 비로소 매출로 이어진다.

사진뿐 아니라 글까지 포함된 제대로 된 콘텐츠를 만들어야 하기에 블로그를 통한 마케팅은 그만큼 시간을 투자해야 하고, 스토리텔링이 잘 녹아 있어야 성공할 수 있다. 한편으로 블로그 마케팅은 이렇게 시간과 노력을 투자해야 하기에, 바쁜 자영업자가 직접 하기는 어렵다. 그래서 대부분 마케팅 회사에 대행을 맡기곤 하는데, 블로그 마케팅을 제대로 진행하기 위해서는 반드시 제대로 된 가이드라인이 필요하다. 가이드라인에 제품이 가진 소구 포인트를 담지 않고 전달한다면 그 마케팅은 하나 마나 한 마케팅이 되기 때문이다.

블로그 마케팅의 꽃, 체험단

블로그 마케팅 중 가장 접근하기 쉬운 것이 체험단 마케팅이다. 마케팅 회사에서 고객에게 수주를 받고 체험단 마케팅을 진행할 때 하는 업무는 크게 네 가지이나. 제품을 받고 체험 후 콘텐츠를 작성할 블로거 모집, 제품의 정보가 담긴 가이드라인 전달, 블로거들의 콘텐츠 업로드 스케줄링, 업로드된 콘텐츠들을 정리한 마지막

보고. 회사마다 비중을 두는 부분이 다를 수는 있겠지만 이 중 내가 생각하는 가장 중요한 포인트는 가이드라인이다.

보통 체험단 마케팅을 위해 블로거를 모집할 때는 블로그의 방문자 수가 많으며 최대한 상단 노출이 잘 되는, 블로그 지수가 높은 블로거들을 엄선해서 선정한다. 제품 체험 후 블로거들이 작성한 콘텐츠가 상단에 노출되어야 잠재 고객들이 이 홍보 콘텐츠를 손쉽게 볼 수 있기 때문이다. 예를 들어 '강남역 맛집'을 검색했는데 기껏 공짜로 음식을 제공한 블로거의 글이 10페이지 밖으로 밀려나 있다면 홍보 효과를 보기 어렵다. 그렇기에 어떤 회사들은 모집되는 블로거들의 블로그 지수를 가장 중요한 첫 번째 포인트로 놓기도 한다.

하지만 아무리 상단에 떠 있다 한들 맛없어 보이는 음식 사진과 성의 없는 글로 채워져 있다면 오히려 역효과를 불러올 수 있다. 블로그 안에 음식점 주소를 넣으면 네이버 지도의 후기와도 연동되기 때문에 상단에 노출되지 않아도 고객이 볼 수 있는 루트는 충분히 있다. 보유한 블로그로 실험해본 결과 음식점의 리뷰를 통해 유입되는 유저도 상당수를 차지하기에, 앞서 말한 것과 같은 무성의한 글이 있다면 부정적인 영향을 끼칠 수밖에 없다. 즉, 하나의 글을 작성하더라도 진정성 있는 콘텐츠가 중요하다.

얼마 전까지 8개월간 체험단 마케팅을 진행했던 샴푸 브랜드는 어느 정도의 입소문과 함께 매출 상승의 효과를 볼 수 있었다. 고객이 많이 찾는 키워드에 노출이 잘 된 이유도 있었지만, 콘텐츠 안에 진심이 담겨 있었기 때문이다.

아이를 키우는 부모의 마음은 다 똑같을 것이다. 먹는 것 하나, 입는 것 하나 아무거나 대충 고르지 않는다. 특히나 피부에 직접적으로 닿는 샴푸, 로션 같은 바디용품은 더욱 꼼꼼히 고를 수밖에 없다.

당시 마케팅을 진행했던 샴푸는 어린이 전용 샴푸였는데, 체험단 블로거에게 주는 가이드라인이 무려 4페이지나 빽빽하게 적혀 있었다. 왕성한 호르몬 분비로 아이들이 두피에 열감을 느끼거나 정수리 냄새가 났던 경험담, 그래서 자녀를 키우는 어머니가 아이를 위해 직접 만든 브랜드라는 것, 시중에 판매하기 전 다양한 피부자극 테스트와 특허, 인증을 받은 내용들이 적혀 있었으며, 제품 사진을 찍는 요령과 사용법까지 꼼꼼하게 담겨 있었다. 그 가이드라인을 통해 제품을 만들어낸 아이 엄마의 세심한 마음과 그 내용을 체험단 블로거들이 잘 전달해 주길 바라는 마음, 콘텐츠를 읽는 어머니들에게 전해지길 바라는 마음을 충분히 느낄 수 있었다.

체험단 블로거들은 체험단 상품에 대해 자신들의 단편적인 경험만을 적을 수밖에 없다. 제품의 자세한 내용을 찾아보며 적는 블로거들은 드물기에, 가이드라인을 통해 내가 알리고자 하는 내용과 전달하려는 경영철학을 꼼꼼히 담아야 한다. 잠재적 고객과 브랜드를 이어주는 중간 매개체로서 블로거를 활용하려면 그들의 글과 사진을 통해 고객의 마음을 두드릴 수 있는 가이드라인이 필요하다.

때로는 발상의 전환이 필요하다

SNS는 자세한 설명이 담긴 글을 통해 정보를 파악하는 블로그와는 명백히 결이 다르다. 한 장의 사진으로 클릭을 유도하고, 팔로워를 만드는 것이 SNS, 특히 인스타그램이기에 사진을 보여주기 어려운 업종이라면 인스타그램을 마케팅 매체로 선택하는 것이 부적합할 수 있다. 판매할 수 있는 상품이 있다면 그 상품의 사진을 찍을 수도 있고 관련된 콘텐츠를 만들기가 더 수월하겠지만, 서비스를 판매하는 곳들은 무형의 서비스를 어떻게 보여줄 것인지에 대해 고민이 커질 수밖에 없다. 그렇다고 해서 아예 인스타그램 마케팅을 할 수 없는 것은 아니다. 접근 방식을 달리한다면 얼마든지 할 수 있다.

단골로 방문하다 거래처가 된 왁싱숍이 있다. 페이스 왁싱, 바디 왁싱, 브라질리언 왁싱 등을 하는 곳이다. 지극히 개인적인 이야기이지만 20대부터 브라질리언 왁싱을 받았던 내 경험상, 가장 아프지 않고 만족도가 높았던 가게였다. 그렇기에 단골로 방문하다가 그 실력에 반해 블로그에 글도 종종 써 올렸고, 그 글들로 신규 고객이 늘어나자 사장님은 마케팅의 필요성을 느끼셨는지 나의 거래처가 되었다.

그런데 가게의 위치, 인테리어, 바디 왁싱이나 페이스 왁싱의 내용만 SNS에 담아내기에는 부족한 느낌이 있었다. 그도 그럴 것이, 이곳에서 가장 잘하는 것은 아프지 않고 깔끔하게 시술해 주는 브라질리언 왁싱이었는데 이 만족도를 블로그에 글로 구구절절 써가며 후기로써 담아내기는 애매했기 때문이다. 민감한 부위니만큼 사진을 찍을 수도 없는 노릇이었고, 이미 상단 노출이 잘 되고 있는데 매번 비슷한 사진을 올리는 것도 무의미하다는 생각이 들었다.

고심 끝에 사장님께 블로그 마케팅에서 인스타그램 마케팅으로 방향성을 다시 잡을 것을 제안했다. 그리고 고객이 브라질리언 왁싱을 하며 느꼈던 만족도 높은 후기로 콘텐츠를 만들기로 했다. 체험단을 통한 후기가 아니라, 진짜 숍을 방문한 고객들이 적은 짧은 글을 활용하는 것이었다.

그날 이후로 메모지를 만들어가서 왁싱을 다 받은 후 왁싱을 받은 일시, 고객의 후기, 그리고 가명을 써도 좋으니 고객의 이름을 적는 조그만 종이를 마련하여 고객분들께 작성해달라고 부탁드리도록 했고, 그 짧은 후기들을 사진으로 찍어 하나씩 인스타그램 계정에 올리기 시작했다. 블로그라면 많은 글을 세세하게 적어야 했지만 인스타그램에는 고객의 후기가 담긴 짧은 메모를 적어 올리는 것만으로도 충분했다.

"2016.06.13. 내 인생의 첫 브라질리언 왁싱, 두려움으로 들어왔지만 룰루랄라 돌아갑니다~ 또 올께요."

"2016.06.14. 맨날 가는 곳 문 닫아서 우연히 왔는데 단골 예약하고 갑니다."

"2016.06.15. 네 번째 방문인데 오늘도 편하게 수다 떨며, 빠른 시간에 깔끔하게 만들어주셔서 감사했어용~ 사장 언니 최고!"

사장님의 짧은 코멘트와 메모지에 담긴 고객의 후기들이 인스타그램 피드에 쌓여갈수록 팔로워도 매출도 함께 상승했다.

블로그는 블로그만의 특성으로 고객에게 진정성 있는 글을 전달할 수 있다. SNS는 SNS의 특성으로 사진을 통해 고객의 마음을 두드릴 수 있다. 매체를 선택한다면 매체의 특성을 파악하고, 그 매체가 가진 장점을 최대한 활용하기 위해 다양한 접근방식으로 다가가면 된다.

적은 시간을 투자하여 효과를 볼 수 있는 방법은 얼마든지 있다. 당신 매장의 어떤 서비스를 어떻게 보여줄 것인가. 고민 끝에는 늘 해답이 있다.

만 명의 뜨내기 고객 vs
백 명의 충성 고객

단골 고객? 충성 고객?

한 매장에 자주 방문하는 고객을 우리는 '단골'이라고 한다. 단골이 많은 사업체는 매출을 유지하기 쉽지만, 온라인상에서 그들을 팔로워로 만들기는 힘들다. 즉 온라인 마케팅을 진행하는 데 있어 그들은 큰 도움이 되지 않는다. 그렇다고 단골 고객이 중요하지 않다는 것은 아니다. 사업체를 운영하기 위해서는 단골 고객이 꼭 필요하며, 이들은 불황을 겪을 때 지지할 수 있는 버팀목이 된다.

그렇다면 충성 고객은 어떨까? 충성 고객은 내가 불황으로 인해 힘겹게 유지하고 있을 때, 묻지도 따지지도 않고 투자를 해줄 수 있는 투자자와도 같은 존재이다.

두 개념은 조금 다르다. 단골 고객의 머릿속에는 나를 포함한 수많은 선택지가 있다. 다만 그 선택지 중 나를 조금 더 많이 찾을 뿐이다. 하지만 이는 언제든 뒤바뀔 수 있으며, 단골 고객의 마음속에 나의 사업체는 언제든 교체될 수 있는 위태로운 포지션으로 자리 잡고 있다. 그러나 충성 고객은 여러 가지 선택지를 두지 않는다. 충성 고객의 머릿속에 선택지는 나 하나이며, 쉽사리 교체되지 않는다.

만일 회사 근처에 자주 가는 단골 커피숍이 있다 해도 비슷한 맛에 조금 더 저렴한 커피숍이 생긴다면 대부분은 단골 커피숍을 바꾸기 마련이다. 그러나 늘 스타벅스를 찾는 고객은 가격, 맛, 거리 등 외부적인 요인을 뛰어넘어 늘 스타벅스만을 찾는다. 애플이나 삼성과 같은 휴대폰 브랜드부터 코카콜라, 오뚜기와 같은 식품 브랜드, 화장품 브랜드, 주류 브랜드, 스포츠 구단뿐 아니라 정치 정당과 병원, 연예인 등 분야를 막론하고 충성 고객을 확보하는 곳은 레드오션 안에서도 생존을 확보할 수 있는 중요한 열쇠를 갖게 된다.

이러한 충성 고객은 나의 열렬한 지지자가 되기 때문에, 어쩔 수 없이 실망하게 되는 경우가 있더라도 좀처럼 이탈하지 않는다. 다수의 고객들이 나의 사업체를 찾고 떠나며 참여와 이탈을 반복하는 동안에도 굳건히 자리 잡고 든든한 지원자가 되어준다. 그리고 이들은 본인뿐 아니라 주변의 지인들에게도 나의 사업체를 활발히 권유하고 추천하며 스스로가 마케팅 사원이 되기 때문에, 소수라 하더라도 충성 고객을 확보하는 것은 매출 증대의 든든한 기반이 될 수 있다.

사업체를 운영하며 신규 고객을 만드는 것은 매우 중요하다. 그러나 그보다 더 중요한 것은 이 신규 고객을 이탈시키지 않고 단골로 확보하고, 그 관계를 유지하고 관리해 충성 고객으로 만드는 것이다. 우리가 가져야 하는 목표는 1만 명의 신규 고객을 만드는 것이 아니라 100명의 충성 고객을 만드는 것이며, 이를 위해 제품의 품질이나 고객 만족을 향상시킨다고 생각해야 한다.

그렇다면 어떻게 해야 일반 고객을 충성 고객으로 바꾸고, 이들이 내 사업체를 긍정적으로 추천하도록 만들 수 있을까? 충성 고객은 억지로 만든다고 만들어지는 것이 아니다. 이들은 본인이 확신과 신뢰를 가질 때 자발적으로 움직이기 때문에, 자발성을 자극하는 것이 가장 좋다. 이러한 관점에서 SNS는 이들의 자발적 참여를 유도하는 아주 좋은 기폭제이다.

광고회사를 운영한 지 2년 차가 되었을 무렵, 프랜차이즈 술집 마케팅을 진행한 적이 있었다. 그때 나는 전 지점에 SNS 인증 이벤트 진행을 제안했다. 해시태그와 함께 방문한 인증 사진을 본인의 인스타그램에 업로드하면 음료수를 서비스로 제공하는 이벤트였는데, 지금은 수많은 업체들이 모두 진행하고 있지만 당시만 해도 본사나 점주들의 반발이 꽤 있었다. 어차피 이미 방문한 손님인데 음료수를 공짜로 주는 것에도 불만이 있었고, 바쁠 때는 업로드된 사진을 일일이 확인하는 것도 번거롭다는 이유였다. 그래서 마케팅의 중요성을 인지한 곳만 진행하게 되었다.

SNS 인증 이벤트에 대한 내용을 담아 모든 테이블과 술집 곳곳에 붙여놓자, 고객들은 서비스 음료수를 받기 위해 잠깐의 짬을 내어 참여하기 시작했다. 그러나 적극적인 참여에도 불구하고 예상했던 것과 달리 이벤트 진행 유무에 따른 매출 차이는 크게 나지 않았다. 한 지역에도 술집이 너무나 많았기에 고객의 선택지는 다양할 수밖에 없었고, 단골 고객을 확보하기에 음료수 한 병은 너무 적은 리워드였기 때문이다.

단골 고객을 확보하는 것부터 어려웠으므로 이들을 충성 고객으로 만드는 단계까지는 갈 수도 없었다. 또한 SNS를 운영하는 고객들은 자신의 SNS가 의미 있는 피드들로 채워지길 바라기 때문에, 며칠 뒤에는 음료수를 받기 위해 올렸던 콘텐츠를 삭제하기 일쑤였고, 콘텐츠가 좀처럼 쌓이지 않았다. 고객이 자발적으로 업로드한 콘텐츠가 지속적으로 유지되고 쌓여 바이럴 효과를 볼 수 있는 방법을 만들어야 했다.

적극성 자극하기

이후 고객이 피드를 지우지 않고 유지하기 위해 의미 있는 콘텐츠를 만들어 올릴 수 있도록 고안해낸 방법이 베스트 컷 이벤트였다. 'SNS에 사진을 찍어서 업로드하면 음료수가 공짜!'라는 문구 아래 '#홍대술집000라는 태그를 넣어주시면 매주 베스트 컷을 뽑아 안주 교환권을 드립니다'라는 문구를 추가했다. 사장님과 상의 후 장사에 부담 가지 않을 정도의 리워드를 준비했다.

몇 주가 지나니 사진을 찍는 고객들의 모습이 달라졌다. 음료수 서비스를 받기 위해 대충 찍어 올리고 인증을 받는 것이 아니라, 고객 스스로 더 맛있어 보이고 더 분위기 있는 사진을 찍기 위해 노력했던 것이다. 매주 베스트 컷에 뽑힌 고객에게는 DM(인스타그램 다이렉트 메시지)으로 안주 쿠폰을 보내주었다. DM을 받은 고객은 당연히 다시 방문하게 되었고, 또 당첨되기 위해 심혈을 기울여 사진을 찍어서 업로드했다.

이렇게 선순환이 반복되었다. 먹음직스러운 안주, 분위기 있는 가게의 모습을 찍은 사진은 삭제되지 않았고, 당연히 태그를 검색했을 때 보이는 콘텐츠의 양과 질도 점점 높아졌다. 전문가의 솜씨라고 느껴질 정도의 사진들도 있었기에, 고객의 동의를 얻어 또 다른 마케팅으로도 활용할 수 있었다.

이처럼 충성 고객을 만들기 위해서는 자발성과 적극성을 자극해야 하며, 고객을 자연스럽게 마케팅 활동에 참여시켜야 한다. 그럼 그 고객은 본인이 인지하지 못하는 사이에 다른 이들에게 충성 고객으로 인식되며, 내 매장은 충성 고객을 확보한 브랜드 이미지까지 가져갈 수 있는 것이다. 이벤트에 참여한 매장들은 고객에게 공짜 안주를 주었지만 그는 안주 재료비의 몇 배가 넘는 광고비를 절약한 셈이 되었으며, 그 몇십 배의 광고 효과를 볼 수 있었고, 몇백 배의 매출을 올릴 수 있었다.

입소문은 그 어떤 광고보다 힘이 세다

충성 고객들이 불러오는 광고 효과는 생각보다 매출에 많은 영향을 끼친다. 이들은 가족이나 지인에게 파급력을 발휘하는데, SNS를 적극적으로 활용하는 고객이 충성 고객이 된다면 제대로 일하는 마케팅 회사를 만난 것보다 더 긍정적인 효과를 올릴 수 있다. 이들을 통해 형성된 입소문은 마케팅 회사에서 만들어낸 입소문보다 신뢰도가 높고 영향력이 크다. 그렇기에 많은 기업들이 서포터즈, 체험단, 평가단, 브랜드 사절단 등을 만들어 고객 참여를 확대시키고 함께할 수 있는 활동을 만드는 것이다.

화장품 브랜드에서 샘플을 제공하는 것은 잠재 고객을 붙잡고자 하는 것이며, 마트에서 시식 코너를 운영하는 이유는 행사 비용을 상쇄하고도 남을 만큼 매출 증대 효과가 크기 때문이다. 주류 브랜드에서 대학 축제에 협찬하는 이유는 처음 성인이 되어 접한 주류를 통해 그 회사의 평생 고객이 될 수도 있기 때문이다.

기업에서 고객에게 대규모의 상품과 혜택을 제공하는 것은 충분히 검증된 성공적 마케팅의 결과이다. 고객을 능동적으로 움직이도록 하기 위해 제공하는 것들을 아깝다고 생각해서는 안 된다. 당장의 손실이라 생각하고 아무것도 하지 않는다면 단기적으로는 지출을 아꼈을지라도, 장기적으로 매출에 도움을 줄 수 있는 고객을 버리는 것이나 다름없다. 충성 고객을 확보하려면 재방문하거나 재구매를 해주는 단골들에게 주는 보상을 아끼지 않길 바란다.

온라인 친구를 오프라인
고객으로 만드는 방법

어떻게 자극할 것인가

온라인 상점에 많은 고객을 유치하기 위해서는 다양한 이벤트와 리워드, 그리고 꾸준한 채널 관리와 고객을 사로잡는 콘텐츠가 필수다. 그러나 다수의 팔로워를 확보하기 위한 작업을 하기 전에 짚고 넘어가야 하는 것이 있다. 우리가 이런 일련의 과정을 통해 얻고자 하는 목표가 무엇인지 확실히 하는 일이다.

우리는 우리의 채널에 온 팔로워를 확보하여 인플루언서가 되고 싶은 것이 아니다. 하지만 결국 맥락은 다르지 않다. 다수의 사람들은 SNS 인플루언서들의 계정을 보며 그들이 가는 곳과 먹는 것에 대해 관심을 갖는다. 그리고 그들이 하는 것이 좋아 보일 때 그것들을 따라 하기도 하며, 인플루언서를 직접 만나고 싶어 하기도 한다. 우리 매장의 계정 역시 유명한 인플루언서의 계정처럼 가야 한다. 사람과 사물이라는 차이점이 있을 뿐 우리의 음식이나 서비스가 인플루언서가 되도록 하여 고객들이 궁금해하고, 보고 싶게 해야 한다. 그리고 우리의 팔로워들을 내 매장에 모이게 하여 그를 통해 매출 상승을 이루어내는 것이 목적이다.

모두가 힘든 코로나19 시대에도 매출을 유지하고 심지어 상승시키기까지 한 사업장의 대부분은 SNS 마케팅을 진행하며 고객을 모집하는 데 힘썼다. 또한 대기업들은 다양한 마케팅 방식을 통해 이슈를 만들고 충성 고객을 확보했다. 이 같은 사실을 안 이상 SNS 마케팅의 필요성은 더 이상 설명할 필요가 없을 것이다.

이제 어떻게 할 것인가가 남아 있다. 계정을 만들고 열심히 콘텐츠를 업로드하며 내 계정을 인플루언서로 만들기 전, 분명한 방향성을 가슴에 새겨두어야 한다. 온라인 친구, 나의 팔로워들을 어떻게 오프라인으로 끌어내 나의 사업장에 앉힐 것인가. 오프라인 매장을 방문하도록 하는 호기심과 욕구를 어떻게 자극할 것인가.

친구가 되어라

나는 이른바 '집순이'에 속하는 편이다. 한참 놀기 좋아하는 20대 때도 여간해서는 집 밖에 나가지 않았다. 밖으로 나가는 것이 나에게는 매우 귀찮고 번거로운 일이었기에 집에 있는 것을 더 즐겼고, 반드시 나가야 하는 일이 생기면 한 번 나갈 때 여러 개의 일정을 한꺼번에 잡아 무리하게 움직였다. 잘못된 행동이지만, 친구들과 약속이 있을 때에도 이런저런 핑계를 대며 나가지 않거나 잠수를 타는 경우도 많았다. 당연히 타박을 받았지만, 이런 나를 유독 집 밖으로 잘 끌어내는 친구가 있었다.

그 친구는 매번 다양한 방법을 썼는데, 음식점에서 사진을 맛깔스럽게 찍어 보냄으로써 군침을 흘리다 나가게 하기도 했고, 대단한 일이 있는 것마냥 호기심을 자극해서 궁금해서 나갈 수밖에 없도록 하기도 했다. 줄 선물이 있다며 불러내기도 했고, 어느 날은 정말 심각한 일이 있는 것처럼 이야기하여 나갈 수밖에 없게 만들기도 했다. 지금 생각해 보면 그 친구는 다양한 아이디어와 대단한 수단을 가진 영업사원 같았다는 생각이 든다.

온라인 시장이 활성화되고 코로나19라는 악재를 겪으며 지금은 언택트, 즉 비대면 중심의 생활방식이 깊이 자리 잡았다. 그래서 고객의 지출 반경도 오프라인에서 온라인으로 많이 옮겨갔다. 음식도 쇼핑도 공산품도 클릭 한 번이면 손쉽게 집에서 모든 것을 접할 수 있으니 말이다.

하지만 여전히 오프라인 매장을 선호하는 사람들이 있고, 오프라인을 통해야만 가능한 것들이 있다. 또 여전히 직접 가서 먹고, 보고, 만지고, 느끼고, 사용해 보기를 원하는 소비자들이 있다. 이들이 스스로, 또는 어떤 자극과 호기심으로 오프라인으로 향할 때, 다른 곳이 아닌 나의 사업장으로 올 수 있도록 해야 한다. 그리고 그 첫 번째 단계는 얼굴도 모르고 일면식도 없지만 나의 채널을 팔로우한 고객과 먼저 친구가 되는 것이다.

친밀감을 자극하라

친구가 되기 위한 첫 번째 방법은 소통하는 것이다. 폴란드의 광고 에이전시 회사인 Abanana에서 현직 마케팅 담당자 60명을 대상으로, 인플루언서 마케팅을 진행할 때 가장 중요하게 확인하는 부분이 무엇인지 조사했다고 한다. 그 결과 대부분의 마케팅 담당자들은 계정의 팔로워 수와 팔로워들의 '좋아요' 수, 그리고 새로운 피드에 달리는 댓글 수를 꼽았으며, 그다음으로는 함께 마케팅을 진행했던 인플루언서의 팔로워 수라고 응답했다고 한다. 그러나 함께 마케팅을 진행했던 인플루언서가 보유한 팔로워의 수가 프로그램이나 가짜 계정을 활용해 부정적인 방법으로 만든 것인지, 아니면 실제로 그 인플루언서의 팬들로 채워진 것인지 확인하는 담당자는 전체 조사 인원의 30% 정도밖에 되지 않았다고 한다.

결국 가장 중요한 것은 내 사업장에 방문하는 인플루언서의 팔로워가 아니라, 내 가게(사업장)의 계정에 방문하는 팔로워들과, '좋아요'나 댓글 같은 그들의 관심이다. 그러나 일방적인 관심은 시간이 지나면 사그라들기 마련이다.

사람은 누구나 자신의 행동에 대해 피드백을 받고 싶어 하고, 내가 준 관심만큼 돌려받길 원한다. 내가 쏟은 열정만큼 보상받길 원하는 것이 대부분의 사람들이 갖고 있는 본성이기 때문이다. 그러니 소통을 통해 유대관계를 형성하고 친밀감을 자극해라. 스타들이 SNS를 통해 꾸준히 자신의 일상을 공유하고, '스토리(질문 등을 할 수 있는 인스타그램 양방향 기능)'를 통해 대화를 시도하는 것도 그로써 팬들이 스타와 유대관계를 갖게 되고 친밀감을 느낄 수 있기 때문이다. 이는 팬의 입장에서도 덕질(어떤 분야를 열성적으로 좋아하여 그와 관련된 것들을 모으거나 파고드는 일)을 지속할 수 있는 원동력이 된다.

계정을 오픈하고 관리를 시작할 때 처음부터 감당이 안 될 정도로 팔로워들이 모이는 경우는 거의 없을 것이다. 가끔 피드를 구경오는 몇몇 팔로워들이 생길 것이고, 간간이 '좋아요'와 댓글이 생기기 시작할 것이다. 그들의 댓글에 귀 기울이고, 응답하며 소통하라. 그 모습을 보고 또 다른 댓글이 달리고, 또 다른 팔로워가 생길 것이다. 나의 말에 관심을 갖고 답변해 주는 것을 마다할 사람은 없다. 오히려 기분 좋은 일이다. 소통이 많아지고, 친밀감이 높아질수록 방문이 유력한 잠재 고객이 된다.

호기심을 자극하라

2014년, 대한민국 과자 역사상 전무후무한 대란을 일으켰던 허니버터칩이라는 과자가 있었다. 해태제과에서 나온 이 신제품은 출시된 지 두 달 만인 10월, 3대 편의점(CU, 세븐일레븐, GS25)에서 과자 판매량 1위에 올랐으며, 허니버터칩을 만들어낸 해태제과의 모기업인 크라운제과의 주가는 2014년 11월 한 달 동안 무려 50% 가까이 상승했다. 입고되자마자 매진되는 바람에 전국의 편의점과 마트는 사람들의 문의를 감당하지 못해 '허니버터칩 재고 없습니다'라는 안내문을 붙였으며, 대형마트에서는 번호표를 나눠주며

1인 1봉지로 구입량을 제한하기도 했다. 중고 판매 사이트에서 정가보다 몇 배나 비싼 가격에 거래가 되기도 했고, 유사한 과자로 직접 허니버터칩을 만드는 방법까지 등장하면서, 그야말로 폭발적인 인기를 구가했다. 그렇게 허니버터칩은 TV 광고 한 번 없이 장장 6개월 가까이 불티나게 팔리며 품절 대란을 일으켰다. 조용히 등장한 이 과자가 어떻게 이런 열풍을 만들 수 있었을까?

시작은 SNS에서부터였다. 허니버터칩을 맛본 사람들이 '짭짤함과 달달함, 단짠단짠의 조화', '어디에서도 먹어보지 않은 맛', '먹어보지 않으면 알 수 없는 맛' 등 각자 자신만의 맛 표현으로 SNS에 인증을 하기 시작했고, SNS를 통해 퍼진 입소문은 사람들의 호기심을 자극했다. SNS에 인증된 사진과 시식 후기들이 올라올수록 사람들은 더 궁금해했고, 직접 맛보길 원하는 구매욕을 자극해, 재고수량이 있다면 먼 곳까지 찾아가서라도 사도록 만든 것이다.

인간을 움직이게 하고 더 나아가 인류를 발전시키는 욕구 중 하나는 호기심이다. 사람은 호기심을 원동력으로 적극적으로 행동하게 된다. 허니버터칩이 맛에 대한 호기심으로 고객을 움직였듯이, 우리도 고객이 오프라인으로 찾아오도록 궁금증을 만들어야 한다.

우리가 호기심을 자극할 수 있는 방법은 콘텐츠이다. 멋지게 찍은 사진 한 장, 그리고 사진으로는 알 수 없는 상세한 설명을 담은 콘텐츠를 만들자. 음식 프로그램에서 음식의 맛 표현을 더 상세하게 할수록 시청자들의 식욕이 돈고, 먹고자 하는 욕구가 강해진다. 여행 프로그램에서 여행지에 대한 분위기를 더 자세히 설명할수록 시청자들도 그곳에 가고 싶다는 생각이 들게 된다. 예를 들어 바다를 찍은 사진 한 장을 보여주며 "거기 참 좋았지"라고 하면 그저 "그렇구나"라고 쉽게 넘길 것이다. 그러나 "그 바다는 죽을 때까지 잊지 못할 거야. 수백 개의 별들이 마치 수백 개의 미니 전구처럼 반짝였는데, 정말 쏟아질 것처럼 가깝게 느껴졌고, 모래사장의 모래들은 밀가루처럼 부드럽고 푹신했어. 모래사장에 누워 귓가를 간지럽히는 파도 소리를 듣고 있을 땐 무중력의 공간인 우주에 떠 있는 듯한 환상적인 기분이었어"라는 이야기를 들었다고 생각해 보자. 당장이라도 그 바다에 가서 같은 기분을 느껴보고 싶지 않을까?

따라서 직접 오지 않으면 느낄 수 없는 분위기와, 직접 먹지 않으면 알 수 없는 맛에 대해 구체적인 콘텐츠를 만들어라. 상상할 수 있을 만큼 자세한 콘텐츠를 만들수록 사람들의 호기심을 자극할 것이고, 호기심이 자극된 고객은 욕구를 충족시키기 위해 움직이게 되어 있다.

오프라인 고객을 꾸준한
팔로워로 만드는 방법

오프라인 고객을 잡아라

판매를 활성화하기 위해 오프라인에서 진행하는 마케팅을 리테일 마케팅이라고 한다. 리테일(Rerail)은 본래 유통이라는 뜻으로, 오프라인 소매점을 의미한다. 인터넷이 발달할수록 고객의 구매 방식은 오프라인에서 온라인 구매로 옮겨졌고, 리테일 매장 역시 이러한 변화에 발맞추어 소비자 맞춤형으로 변화하고 있다. 단순히 물건을 판매하는 공간으로 그치지 않고 고객과의 관계를 구축하는 방법을 찾기 시작했고, 구매 전환에만 중점을 두는 것이 아니라 온오프라인을 넘어선 고객과의 유대관계 형성, 신뢰감 형성을 위한 스토리를 만들기 위해 노력하고 있다.

우리는 온라인 마케팅을 통해 유저들과 관계를 구축하고, 그들과 함께 소통하며 잠재 고객을 확보한 후 그들을 밖으로 끌어내고,

우리 매장으로 인도하기 위한 과정에 있다. 여기에는 많은 시간과 노력이 들어갈 수밖에 없다. 그러나 투자한 시간과 노력만큼 분명한 성과를 나타낼 것이고, 온라인을 통해 관계 형성이 된 고객들은 꾸준한 충성 고객이 될 확률이 높다.

그러나 시작하는 상황에서 온라인 마케팅을 통해 유입된 고객의 수가 없는 현시점에서, 우리 사업체를 찾는 대부분의 고객은 나와 아무런 관계도 구축되어 있지 않은 오프라인 고객이다. 거리를 걷다 간판을 보거나 메뉴판을 보고 무심코 들어온 신규 고객들인 것이다. 온라인상에서 어느 정도의 입지를 굳히기 전인 지금도 우리는 사업체를 운영하고 있다. 그렇다면 오프라인 고객도 역시 재방문을 할 수 있게 만들어야 하고, 나의 매장을 자주 찾는 단골 고객으로 전환시켜야 한다. 그리고 더 나아가 이들을 온라인에서의 친구로 만들어 꾸준히 함께할 수 있는 충성 고객으로 만들어야 한다.

오프라인에서의 고객 경험

디지털 마케팅 솔루션 업체인 크리테오가 고객 1만여 명을 대상으로 실시한 설문조사에 따르면, 고객이 오프라인 매장을 방문할 때 기준이 되는 조건은 편리한 위치(66%), 친절한 직원(39%), 매장 고유의 상품(34%), 매장 디자인(26%) 순이었다. 그러나 이는 상품별, 서비스별로 차이가 있다.

특히 음식점의 경우에는 판이하게 다른데, 2021년 12월 한국리서치 조사에 따르면 외식할 음식점을 선택할 때 중요하게 고려하는 요소는 음식의 맛(84%), 가격 수준(64%), 음식의 청결도(53%), 주차의 편리함(35%), 서비스 정도(34%) 순이며 교통의 편리성이나 거리는 20%대로 7위에 그쳤다. 맛과 서비스가 좋다면 거리나 위치는 선택의 기준에 크게 영향을 끼치지 않았던 것이다.

이제 고객들은 입소문이 난 음식점을 찾기 위해 먼 거리를 마다하지 않고, 몇 시간의 기다림도 불사하고 있다. 물리적인 거리에 대한 경계가 허물어지고 있는 시대이기에 온라인 마케팅이 대두된 것이고, 오프라인 고객이 한 번의 방문으로 충분한 만족감을 가졌다면 거리와 관계없이 재방문할 수 있는 가능성도 높아졌다. 위의 설문조사 결과 역시 방문했던 곳이 마음에 든다면 새로운 집보다는 가본 곳을 재방문하는 편이라고 응답한 사람이 전체 응답자의 88%나 차지했다.

설문조사에 따르면 고객이 음식점을 선택할 때 중요하게 고려하는 요소는 맛과 가격, 청결과 서비스이다. 우리는 이 기본적인 요소에서 고객에게 만족을 줄 수 있어야 한다. 고객들이 새로운 음식점을 선택할 때 인터넷 서핑이나 SNS를 통한 정보를 참고한다는 것은 모두가 알고 있다. 그러나 기본적인 맛과 가격, 청결에서 만족감을 주지 못한다면 어떠한 마케팅도 성공할 수 없다. 또한 서비스를 기준으로 삼는 고객들에게 재방문의 터치 포인트 역할을 할 수 있는 매장 직원들이 불친절함으로 응대한다면 자신의 경험을 SNS에 공유하는 고객들로 인해 오히려 역풍을 맞게 될 수 있다. 맛과 서비스, 고객 선택의 핵심 요소가 되는 이 기본적인 준비를 먼저 갖춰놓아야 한다는 것을 명심해야 한다. (박해식, "외식할 때 맛집 선택의 기준은…맛? 가격? SNS 평가?", 〈동아일보〉, 2021. 12. 15.)

온라인과의 연계

앞서서 고객이 오프라인 매장을 선택할 때 어떠한 속성을 중요하게 생각하는지 알아보았다. 기본적인 것이 준비되었다면 이제는 오프라인 매장을 방문하는 고객을 자연스럽게 온라인상의 친구로 연결시켜야 한다.

제품과 서비스를 직접 경험하기를 원하는 고객은 지속적으로 오프라인 매장을 찾아 나설 것이다. 아직 우리 매장을 찾아오지 않은 고객은 '우리 매장을 모르기 때문'이다. 그렇기에 온라인 마케팅을 통해 우리 매장을 알리기 위해 노력하는 것 아닌가? 그런데 이미 방문해서 우리 매장을 알고 있는 고객이라면 반드시 단골 고객으로 만들어야 한다. 고객을 대상으로 온라인과 오프라인을 유기적으로 연결하는 서비스를 마련하여 끊임없이 우리의 존재를 각인시켜야 하는 것이다.

아무리 맛있는 음식을 먹었다 하더라도 시간이 지나면 잊게 되기 마련이다. 마음에 드는 제품을 구경만 하고 사지 못했을 때에도 아쉬움에 떠올리는 것은 고작 몇 시간, 길어야 며칠일 뿐, 그 뒤에는 잊게 된다. 유명한 스타들이 바쁜 와중에도 인스타그램에 꾸준히 피드를 올리며 자신의 작품과 생각, 생활을 공유하고 댓글을 달아주는 것은 팬들이 자신의 존재를 잊지 않도록 하려는 것이다. 마찬가지로 다음에도 우리 매장을 찾을 수 있도록 고객을 팔로워로 만들고, 콘텐츠와 이벤트를 지속적으로 보여주면 재방문을 부추기는 효과를 낼 수 있다.

그렇다면 어떻게 오프라인 고객을 팔로워로 만들 것인가? 해답은 바로 '유익성'이다. 고객이 우리의 계정을 팔로우해서 얻을 수 있는 이득을 만들어야 한다. 다음 장에서는 오프라인 고객을 온라인으로 록인(Lock In), 즉 묶어둘 수 있는 리워드와 이벤트 콘텐츠에 대해 알아볼 것이다.

그 전에 반드시 기억해야 할 것이 있다. 매장에 찾아온 오프라인 고객은 어려운 발걸음을 해준 낯선 친구와도 같다. 다음에도 다시 올 수 있도록 기분 좋은 경험을 안겨줘야 할 것이며, 수시로 연락할 수 있도록 연락처를 주고받아야 한다. 연락처를 주고받는 것, 즉 온라인 친구가 되는 것을 목표로, 계정을 팔로우하면 여러 이점이 있다는 것을 각인시켜야 한다. 계정을 팔로우함으로써 얻을 수 있는 리워드, 시기별 이벤트, 유익한 정보 등 고객이 얻을 수 있는 보상에 대해 충분히 인지할 수 있도록 매장 안에 게시한다. 그리고 주문을 받거나 계산할 때 한 번 더 안내하여, 오프라인 고객을 온라인으로 끌고 올 수 있도록 해야 한다.

방문을 유도하는
콘텐츠 제작 노하우

온라인 마케팅의 승부처 콘텐츠

이제 온라인 마케팅은 판매하는 것이 서비스든 제품이든, 고객을 만나는 곳이 온라인 공간이든 오프라인 공간이든 여러 조건을 막론하고 가장 큰 홍보 수단으로 자리 잡았다. 그중 양방향 소통을 가능하게 하고 고객 참여를 통해 더 많은 모객을 할 수 있는 마케팅의 주요 매체로 자리 잡은 것이 SNS이다. 그리고 SNS 마케팅은 콘텐츠로 시작하여 콘텐츠로 끝난다고 보아도 무방하다.

앞에서는 온라인 마케팅을 어떻게 활용하여 매출을 올리고 고객을 끌어들일 수 있는지 실제 사례들을 통해 살펴보았다. 이제부터는 본격적으로 콘텐츠 마케팅을 제작하는 방법에 대해 살펴보고자 한다. 그에 앞서, 어떤 콘텐츠를 만들어 승부하고 기획의 방향은 어떻게 잡아야 하는지 가이드라인을 제시할 것이다.

가장 먼저, 과연 고객은 어떤 유형의 콘텐츠에 반응하며 더 나아가 어떤 콘텐츠가 고객을 실제 방문까지 이어지게 만드는지 알아보자.

기업들은 많은 팔로워를 확보하기 위해 다양한 콘텐츠를 제작한다. 고객에게 친근하게 다가갈 수 있는 캐릭터를 만들기도 하고, 웃음이 터져 나오는 유머러스한 콘텐츠를 만들기도 한다. 소위 말하는 '인스타 감성'을 가득 채워주는 이미지형 콘텐츠를 만드는 것이다.

물론 이러한 재미 요소의 콘텐츠들은 홍보용으로 매우 좋다. 고객에게 흥미를 유발하고, 우리 계정을 팔로우하도록 만들며, 지속적으로 우리 계정에 유저들을 유입시키는 역할을 하기 때문이다. 그렇기 때문에 계정을 운영할 때는 어떤 콘텐츠로 고객들의 흥미를 유발하고, 눈길을 사로잡을 것인지 충분히 고민해야 한다.

그러나 이러한 콘텐츠들은 말 그대로 홍보용이다. 사전적인 의미로 홍보란 세상에 널리 알리는 것을 말한다. 존재 여부를 알리고 나의 제품을 인지시킬 수는 있지만, 판매로 연결시키기까지는 꽤나 긴 시간이 필요하다. 따라서 홍보에 목적을 두기보다는 고객을 직접 움직이게 만드는 것을 목적으로 삼아야 한다. 보조제 역할을 하는 홍보 콘텐츠도 필요하지만, 주축이 되는 것은 고객의 방문을 유도하는 콘텐츠여야 한다.

직접적으로 고객 방문을 유도하고 내 사업체의 매출을 올려줄 수 있는 콘텐츠의 첫 번째 요소는 바로 고객에게 정보를 주는 실용성이다. 실제로 많은 사람들은 자신에게 필요한 정보를 담은 콘텐츠를 통해 방문과 구매 여부를 결정한다.

요즘 고객들은 대부분 물건을 구매하기 전 필수 단계로 제품의 후기 콘텐츠를 찾아본다. 특별한 날 연인과 데이트를 할 만한 음식점을 찾는다고 가정해 보자. 먼저 어떤 지역을 갈 것인지 정하고 그 지역의 맛집을 검색할 것이며, 눈에 띄는 메뉴나 음식점이 있다면 후기들을 더 자세히 찾아볼 것이다. 영업시간이나 주차 등의 정보도 보고 음식의 맛과 서비스, 분위기는 어떤지도 찾아볼 것이다. 그렇게 충분한 정보 탐색이 이루어진 후 선택의 기준에 부합한다면 방문 여부를 최종으로 결정하게 된다.

따라서 콘텐츠를 제공할 때 고객에게 이러한 정보를 숨김없이 모두 주어야 한다. 포털 사이트에 등록된 간단한 정보만으로는 부족하다. 우리 가게의 SNS 계정을 십분 활용하여 고객이 원하는 정보를 주는 콘텐츠를 만드는 것이 첫 번째이다. 그리고 이것은 굉장히 유리하게 작용할 수 있다.

단, 인플루언서에게 무료로 음식이나 제품을 제공하고 후기 포스팅을 작성하게 하는 체험단 마케팅을 진행할 때는 가이드라인을 확실하게 제시해야 한다. 사람은 입맛이 모두 다르고, 성격과 성향도 다 다르다. 똑같은 음식이 어떤 이에게는 짜게 느껴지기도 하고, 어떤 이에게는 싱겁게 느껴지기도 한다. 그러나 자신의 주관적인 평가가 절대평가인 양 작성하여 후기를 올리는 사람들이 있기에, 체험단 마케팅을 진행할 때는 솔직하게 작성하되 부정적인 내용은 자제해달라는 내용도 반드시 포함해야 한다.

나의 계정에 자체적으로 콘텐츠를 업로드할 때 유리한 점은 체험단 마케팅과 다르게 콘텐츠에 긍정적인 요소를 가득 집어넣을 수 있다는 것이다. 제품 사진을 찍을 때 최대한 구매욕을 느끼도록 찍어 올릴 수 있고, 가게의 위치를 알릴 때도 고객이 찾아오기에 가장 편한 길을 안내할 수 있다. 누군가는 허전하다고 평가할 수 있는 분위기를 '심플하고 모던하다'는 표현으로, 누군가는 싱겁다고 평가할 수 있는 맛은 '담백하고 건강한 맛'으로 표현할 수 있다. 누군가는 단순히 비싸다고 치부할 수 있는 가격에 대해서도 어떤 재료와 어떤 노력이 배어 있는지 충분히 납득시킬 수도 있다.

명심하자. 우리가 첫 번째로 우리의 계정에 담을 콘텐츠는 고객이 방문 여부를 판단할 기준이 될, 내 사업체에 대한 정보이다. 잘 만들어진 사업체의 제품을 고객에게 선물하듯 예쁘게 포장하여 올리도록 하자. 이를 통해 자연스럽게 고객의 발길을 이끌 수 있다.

친구들에게만 주는 보상을 만들어라

인스타그램 계정 오픈 시 가장 많이 진행하는 이벤트는 팔로워, 즉 팬 수를 늘리기 위한 이벤트이다. 이 이벤트는 형식도 간단하고 참여율도 높아서 계정을 만든 뒤 활성화시키기 위해서는 필수적으로 진행하는 과정이다. 대부분의 브랜드 계정들은 팔로우 이벤트를 통해 고객에게 상품을 주는데, 기업 브랜드 계정에는 온라인숍들이 연결되어 있는 경우가 많아, 이벤트와 상품 제공까지 모두 온라인상에서 진행한다. 그러나 온라인숍이 없고 오프라인 매장을 운영하고 있는 사업체라면 이를 오프라인으로 연결시켜 진행해야한다.

'계정을 팔로우하면 매장 방문 시 서비스 제공'이라는 이벤트는 온라인을 통해 고객을 오프라인으로 유입시킬 수도 있지만, 이벤트 안내 문구를 매장 내에 고객이 잘 볼 수 있는 곳에 비치하여 반대로 오프라인 고객을 팔로워로 만들 수도 있다. 이때 단순히 팔로우에 대해 리워드를 제공하는 것은 일회성에 지나지 않으므로, 그 뒤에 고객이 이탈할 가능성이 높다. 따라서 팔로우 이벤트를 할 때는 팔로워들을 붙잡기 위한 안전장치를 마련하고, 2차적인 이벤트도 준비하는 것이 중요하다.

안전장치란 인스타그램의 팔로워에게 내 계정을 팔로우하면 지속적으로 이득을 얻을 수 있다는 시그널을 주는 것이다. 꾸준한 이벤드를 통해 팔로워들에게 리워드와 정보를 제공할 것이라는 시그널을 주어야 팔로워를 붙들어둘 수 있다. 예를 들어 계정을 팔로우한 고객은 방문 때마다 5% 할인을 해준다거나, 매월 주기적으로 다양한 이벤트를 진행한다는 내용으로 계정을 팔로우하고 있는 한 자신에게 이득이 된다는 내용을 꾸준히 인식시키는 것이 필요하다. 이런 내용을 충분히 담아놓아야 오프라인으로 먼저 알게 된 고객이 온라인 친구로 연결된 뒤에도 내 계정을 팔로우하며 지속적으로 우리 매장에 관심을 갖고 관찰하게 된다.

다음으로 중요한 것이 2차적인 이벤트이다. 앞서 설명한 꾸준한 리워드 제공뿐 아니라 내 계정을 팔로우한 고객이 지인에게 우리 매장의 소식을 공유할 수 있도록 친구 소환 이벤트를 진행하는 것 등이 2차적 이벤트에 해당한다. 친구 소환 이벤트란 나를 팔로우한 고객이 그들이 연결된 인스타그램 친구를 온라인상에서 호출하여 나의 게시물을 볼 수 있도록 하는 이벤트이다. 이를 통해 나의 계정을 팔로우한 고객과 비슷한 연령층의 팔로우를 확보할 수 있고, 보통은 가까운 사람들을 초대하기 때문에 고객 중 한 명만 이벤트 게시물을 보더라도 그들이 내용을 공유하여 고객을 더욱 확장할 수 있다. 그렇게 한 명의 고객이 또 다른 한 명을 부르고, 그 한 명이 또 다른 한 명을 부름으로써 팔로워를 확보하고 잠재 고객을 늘릴 수 있다.

즉석에서 만드는 후기 콘텐츠

나의 계정으로 콘텐츠와 이벤트를 만들어가며 팔로워와 잠재 고객을 확보했다면 동시에 진행해야 하는 것이 후기 생성이다. 아직 내 매장과 연결고리가 닿지 않은 수많은 유저들에게 우리 매장을 알리기 위해서는 신뢰감 있는 후기를 많이 만들어야 하는데, 이를 위해 다양한 사업체(특히 외식업체)들이 진행하는 대표적인 방법이 무료 음식을 제공하는 체험단 서비스다.

그러나 이미 우리 매장에 방문한 고객은 본인이 값을 지불하고 제품과 서비스를 구매한 고객이다. 이러한 유료 고객들 중 SNS를 사용하는 고객을 활용하여 소소한 서비스를 주는 후기 이벤트를 진행하면 체험단 마케팅을 진행하는 것보다 적은 비용으로 후기 콘텐츠를 생성할 수 있다. SNS를 하고 있다면 '인증샷 업로드하고 서비스 받자!'라는 단순한 이벤트로 진행해도 무방하며, 팔로워나 친구에 따라 할인 이벤트를 해도 좋다.

이러한 후기 콘텐츠를 진행할 때는 누차 강조한 것과 마찬가지로 노출 가능성을 생각하여 고객이 업로드할 때 사용할 해시태그를 잘 지정해두는 것이 중요하다. 온라인과 오프라인을 통해 팔로워를 만드는 것은 한 명의 팔로워뿐 아니라 이를 통해 연결된 수많은 사람들을 대상으로 우리 매장을 알릴 수 있고, 잠재 고객을 확보할 수 있는 방법이라는 것을 명심하자. 매장에 대한 긍정적인 인식을 가질 수 있는 콘텐츠를 만드는 것을 시작으로 다양한 이벤트를 통해 계정을 풍성하게 만들면, 어느 순간부터는 나의 게시물을 기다리는 사람들이 많아질 것이고, 이는 곧 고객의 방문으로 이어지며, 방문한 고객들이 자발적으로 나의 가게를 홍보해 주는 선순환이 반복될 것이다.

최신 검색 트렌드가
상위 노출보다 중요하다

1위가 중요하지 않은 이유

마케팅 의뢰를 해오는 다양한 업체들과 미팅을 하다 보면 진행하는 마케팅에 대한 전략을 제외하고도 플랫폼들의 알고리즘이나 작업 노하우, 기존에 궁금했던 마케팅 관련 질문들을 많이 받게 된다. 질문들은 거의 비슷한데, 소상공인의 경우 거의 100%라고 해도 과언이 아닐 정도로 항상 묻는 질문이 있다.

"상위 노출은 어떻게 하는 건가요?

"저희 업체를 1등으로 보이게 할 수 있는 건가요?"

상위 노출은 내가 실행사를 운영할 때 전담 인력을 따로 만들었을 정도로 중요하게 생각했던 부분이다. 그렇기 때문에 당연히 고객의 요구조건을 충족시키고자 노력했지만, 이러한 작업을 하며 느꼈던 것은 노출 상단에 무조건 1위에 노출시키는 것이 2위, 3위에 노출시키는 것보다 결코 효과가 뛰어나지는 않다는 점이다.

광고주들은 타깃 키워드를 검색 시 1위에 노출되는 것에 꽤나 큰 의미를 부여하지만, 실상은 그렇지 않다. 온라인 마케팅에서의 1위는 전교 1등이나 국가대표 금메달과는 매우 다르다. 학교에서 전교 1등을 하면 많은 사람들의 부러움을 사고 남들보다 좋은 대학에 갈 수 있는 발판이 되지만 온라인상에서는 1등뿐 아니라 2등, 3등 역시 고객의 선택지 안에 있다. 음식점이 형성된 먹자골목 상권에 덩그라니 놓인 옷가게보다는 쇼핑타운에 입점해 있는 옷가게들이 더 높은 매출을 일으킨다. 또한 쇼핑타운에 간 고객은 한 곳에 들러서 바로 그곳의 물건을 사지 않는다. 여러 곳들을 둘러보며 비교한 뒤에 최종 선택을 한다. 온라인은 다양한 상품들이 밀집되어 있는 거대한 쇼핑타운과 같기 때문에 입구 첫 번째에 자리 잡은 가게는 오히려 불리하게 작용할 수도 있다.

물론 상단에 노출되는 것은 중요하다. 고객이 검색하는 키워드에서 한참 뒤져야 나오는 안드로메다급 페이지에 보인다면 아무리 꼼꼼히 살펴봐야 하는 고관여 상품일지라도 마케팅 효과를 전혀 볼 수 없다. 그러나 다른 것들의 기준 역할밖에 못하는 눈팅용 콘텐츠가 되지 않기 위해서는 무조건 1위에 집중하기보다는 콘텐츠 그 자체의 완성도에 집중해야 한다.

알고리즘?

SNS를 하다 보면 내가 좋아할 만한 콘텐츠나 영상들을 귀신같이 알고 나의 피드에 보여준다. 가끔은 생뚱맞게 관심 밖의 게시물들이 나오기도 하지만, 대부분은 내가 과거에 찾아보았던 내용을 기준으로 추천해준다. 즉 기존의 데이터를 토대로 원하는 내용을 찾는 알고리즘에 따른 추천이다.

이러한 알고리즘은 이용자가 직접 검색을 하고 찾아봐야 하는 수고를 덜어주고, 맞춤 콘텐츠를 보여줌으로써 고객의 눈길을 사로잡아 플랫폼에 오래 머물게 한다. 알고리즘을 특히 잘 활용한 플랫폼인 유튜브는 사용자들의 이용시간을 20배까지 늘리는 쾌거를 보여주기도 했다.

그러나 이러한 알고리즘이 편리하고 좋기만 한 것은 아니다. 비슷한 것들만 보여줌으로써 이용자에게 편향된 시각을 갖게 하고, 사람들을 양극화시킨다는 주장이 끊임없이 이어지고 있다. 또 일부 플랫폼들은 투명하지 않은 알고리즘 운용을 통해 자사의 상품을 우선 노출시키는 등의 활동으로 과징금을 부과받기도 했다. 결국 다양한 플랫폼들은 알고리즘을 폐지하겠다고 선언하였으며, 인스타그램 역시 2022년부터는 알고리즘에 기반하여 콘텐츠를 노출하지 않고, 만들어진 시간 순서대로 피드를 노출시키겠다고 발표했다.

플랫폼들이 성장할 수 있는 원동력이자 사용자들의 만족도를 높인 핵심 서비스를 없애는 것은 SNS 시장의 판도를 바꿀 수도 있는 중대한 변화이다. 그런데 과연 SNS상의 알고리즘이 완벽히 폐지될 수 있을까?

개인적으로는 절대로 불가능한 일이라고 생각한다. 1분에도 몇천, 아니 몇만, 몇십 만 이상 생산되는 수많은 콘텐츠들을 어떤 순서로 배열할 것이며, 과연 어떤 기준으로 이용자에게 전달할 수 있을까? 지속적으로 관심 없는 피드들만 띄워준다면, 페이지를 넘기며 피로해진 이용자들은 자신에게 맞는 콘텐츠를 조금이라도 더 잘 추천해 주는 플랫폼으로 이동하게 될 것이다. 홈페이지에 뜨는 광고창들을 '오늘 다시 보지 않음'을 눌러 끄듯이, 관심 없는 피드들을 보여지지 않게 하는 기능은 확산될 수 있겠지만, 기본적인 알고리즘의 변화는 크지 않을 것으로 생각된다.

인스타그램이 보여주는 것

그렇다면 우리는 고객에게 맞추어 어떻게 내 콘텐츠를 보이도록 할 수 있을까. 인스타그램의 알고리즘을 예로 들어보자.

우선 규칙을 먼저 파악해야 한다. 고객이 인스타그램에서 게시물을 볼 수 있는 방법은 두 가지이다. 로그인을 했을 때 보여지는 홈 화면에서의 피드, 그리고 돋보기 모양을 누르고 직접 원하는 키워드를 검색해서 찾아보는 페이지.

첫 번째로 홈 화면에서의 피드에는 나와 소통하고 있는 팔로워들의 최신 게시물을 보여준다. 내가 팔로우한, 즉 내가 관심이 있는 계정의 피드를 보여주는 것이다. 그러나 많은 계정을 팔로우하지 않았거나 팔로우한 계정들의 새 게시물이 넘쳐나지 않는 이상 다른 게시물들도 함께 보게 될 수밖에 없다. 그리고 여기에서 보이는 광고 콘텐츠와 게시된 콘텐츠들은 앞서 이야기한 나의 관심사에 맞춘 알고리즘이 추천한 콘텐츠들이다. 개인적으로 나의 피드에는 여행이나 음식 관련 게시물들이 많고, 광고 콘텐츠들은 마케팅이나 성형 관련 피드가 많다. 나이를 먹어갈수록 성형이나 피부 관련 게시물을 자꾸 찾아보게 되니, 알고리즘을 통해 보여지는 것들도 그런 것들일 수밖에.

그러면 두 번째로 돋보기 모양의 검색 페이지를 통한 피드는 어떤 것들을 보여줄까? 이곳에도 물론 내가 관심 있는 콘텐츠들이 곳곳에 있다. 그러나 전혀 관심을 갖고 있지 않은 유머 콘텐츠나 춤추는 영상, 운동 영상 같은 것들이 더 많이 보인다. 이 부분이 우리가 상위 노출보다는 최신 검색 트렌드에 집중해야 하는 이유이다.

검색 페이지의 알고리즘은 홈 화면의 피드 알고리즘과는 다르게 사람들의 '좋아요'를 많이 받았거나 사람들이 많이 찾아본 게시물들을 우선적으로 보여준다. 또한 내가 팔로우한 계정의 사람들이 '좋아요'를 눌렀거나 내가 팔로우한 계정의 사람들이 많이 찾아본 콘텐츠들을 보여준다. 즉 사람들이 많이 검색한 해시태그에 맞춘 게시물들이 보여지는 것이다.

그러므로 인스타그램 안에서 노출되고 싶다면 검색 페이지를 통해 나의 사업과 관련된 최신 검색 트렌드가 무엇인지 살펴보자.

그리고 그에 맞는 해시태그를 활용하여 콘텐츠를 만들어보자. 무수히 많은 사람들의 검색 페이지에 내 게시물이 노출되는 기적이 일어날 수 있다. 또 그들이 직접 검색한 결과 페이지에 노출될 가능성도 높일 수 있다.

나에게 맞는 키워드 찾기

인스타그램의 알고리즘은 사람들의 검색 트렌드에 맞추어 보여진 다는 것을 알았다. 하지만 그렇다고 해서 최신 검색 트렌드만 따라 가며 나의 사업장과는 전혀 관련이 없는 #짤방, #댄스챌린지 등의 해시태그를 넣는다면 내 사업과 전혀 관련 없는 팔로워들이 생기 거나 오히려 거부감을 만드는 역효과를 낼 수 있다. 우리의 목적은 무분별하게 팔로워를 늘려 인플루언서가 되는 것이 아니라, 매장 에 매출을 일으킬 수 있는 진성 고객과의 소통창구, 즉 마케팅 플 랫폼을 만드는 것이라는 사실을 다시 한번 명심해야 한다.

그렇다면 나의 계정 규모에 맞추면서 관련된 해시태그를 어떻 게 찾아야 하는지 알아보자.

첫 번째는 앞서 말한 것처럼 검색 페이지를 이용해 최신 검색 트 렌드를 분석하는 것이다. 그리고 두 번째는 검색어를 넣고 직접 검 색해 보는 것이다. 검색 페이지에서 원하는 키워드를 검색하면 관 련 해시태그 검색어들이 게시물 수와 함께 보인다. 예를 들어 오토 바이용품 매장을 운영하는 경우 게시물에 #바이크용품, #오토바

이용품 같은 해시태그를 사용할 것이다. 그러나 #바이크용품 이라는 해시태그에는 1만 건 이상의 게시물들이 업로드되어 있다. 그리고 해시태그 검색 후 나오는 게시물들은 최신순+인기순이라는 알고리즘을 통해 보이게 된다. 이때 나의 계정에 팔로우가 많지 않다면 이 해시태그로 노출될 가능성은 매우 희박하다. 그러나 비슷한 키워드 중에는 #바이크용품매장, #바이크용품추천과 같이 게시물이 많지 않아 경쟁이 덜한 키워드들도 있다. 따라서 무조건 많이 검색하는 키워드를 해시태그로 하여 고객의 시야에서 한참 벗어나기보다는 내 계정의 규모에 맞는 해시태그를 활용해 정확하게 보여지도록 해야 한다. 노출도 제대로 되지 않고, 고객에게 보여지지도 않는다면 당분간 그 해시태그는 과감히 배제하는 것도 방법이다.

인스타그램 계정을 키우는 것은 RPG 게임과도 같다. 처음부터 끝판왕과 맞설 수는 없기에 초반에는 작은 미션들을 성공시키며 나아가야 한다. 그리고 콘텐츠라는 장비를 착용하고 업그레이드하고, 팔로워라는 레벨을 올려놓아야 거대한 해시태그에 노출되는 큰 미션을 완수할 수 있다.

똑같은 시간을 투자했는데
저는 왜 효율이 안 날까요?

똑같지 않아요

시험이 끝난 뒤 학생들은 학교 선생님으로부터 "똑같이 배웠는데 쟤는 100점이고 너는 왜 30점이니?"라는 말을 들을 때가 있다. 똑같은 수업을 들었어도 그 시간을 어떻게 받아들였느냐에 따라 점수는 크게 차이가 날 수밖에 없다. 부모가 자식들에게 "같은 배에서 나왔는데 너희는 어쩜 그렇게 다르니?"라고 하는 것도 흔한 이야기지만, 부모가 같다 해도 출생 이후의 삶은 각자 다르게 살아갔기에 형제자매라도 다를 수밖에 없다.

지금 이 책을 읽는 독자들도 마찬가지일 것이다. 똑같은 시간을 들여 이 책을 읽는다 해도 받아들이는 마음가짐은 모두 다를 것이다. 책을 읽고 나서 직접 실천에 나서는 사람이 있는가 하면, 눈으로만 스윽 읽고 냄비 받침으로 쓰는 사람도 분명 있을 것이다. 그리고 전자와 후자의 차이는 시간이 지날수록 더 크게 나타날 것이다.

SNS 마케팅을 하기로 마음먹었다면 꾸준히 시간을 투자한다는 가정하에 무엇에 어떻게 시간을 투자할 것인지 충분히 고민하고 시작해야 한다.

그러면 이쯤에서 내가 운영하려는 SNS 계정의 전략을 한 번 더 확고히 다지고, 명확한 계획을 세워보자.

그림을 그릴 준비

인스타그램은 SNS 역사상 가장 단시간에 10억 명의 이용자를 달성한 플랫폼이다. 10억 명의 이용자를 보유하기까지 8년이라는 시간이 걸린 페이스북에 비하면 2년이나 앞선 6년 만에 10억 명의 이용자를 보유했다. 그렇다면 사람들이 페이스북보다 인스타그램에 열광했던 이유는 무엇일까? 팔로우만 하면 내가 원하는 계정의 소식을 우선적으로 볼 수 있다는 강점도 작용했지만, 주된 이유는 단순함과 편의성에 있다고 생각한다.

페이스북의 경우 이용자가 늘기 시작하며 기업형 페이지들이 우후죽순 생겨나기 시작했고, 그 페이지들은 잘 만들어진 광고라고 여겨질 만큼 멋진 콘텐츠들을 쏟아냈다. 또 블로그와 마찬가지로 페이지 내에 많은 글들을 담아내며 보는 이를 '설득'하기 위해 노력했다. 하지만 잘 만들어진 인스타그램 계정은 주절주절 긴 글보다는 사진 한 장에 모든 것을 담아낸다. 사진 역시 포토샵을 활용한 엄청난 디자인이 아니라, 감각적이고 단순한 사진들이 주를 이룬다. 이용자가 느끼는 피로감을 완벽하게 덜어내고 심플함으로 다가갔고, 피로감이 없기에 가벼운 마음으로 지속적으로 보며 각인될 수 있다. 또한 이것저것 설정할 것이 많고 사용법이 다소 번거로운 페이스북과 달리, 가입부터 사진을 업로드하는 과정까지 모든 것이 너무나 쉽고 편리하다. 그래서 누구나 쉽게 접근할 수 있다.

지금 우리 앞에는 전 세계의 모든 사람들이 갖고 있는 도화지와 색연필이 있다. 그림을 그리는 것은 너무 쉬우며, 모두가 같은 환경에서 그림을 그릴 수 있다. 그렇다면 나는 어떤 것을 그릴지, 다시 한번 생각을 정리해 보자.

그림을 잘 그리기 위해서는 내가 그림을 선물할 대상이 누구이고, 어떤 그림을 좋아하는지 먼저 알아야 한다. 그래야 그림을 받은 사람의 만족도를 높일 수 있고, 꾸준히 그 그림을 보면서 내 생각을 하도록 할 수 있다. 즉 인스타그램을 이용하는 고객들은 어떤 콘텐츠를 좋아하는지 먼저 파악해야 한다. 그래야 내가 투자한 시간과 노력이 헛되지 않을 것이다.

벤치마킹하라

앞에서 이미 인스타그램의 성공 사례와 잘 만들어진 콘텐츠, 실패하는 콘텐츠에 대해서 알아보았다. 그러나 이 사례들이 나의 업종과는 100% 부합하지 않을 수도 있고, 몇 가지 사례만으로 뛰어든다면 얼마 지나지 않아 소재가 고갈되어 골머리를 앓을 수도 있다. 그러므로 내 업종에 맞는 계정들을 면밀히 살펴보고, 그들이 쌓아 놓은 콘텐츠를 보면서 구상해 보자.

먼저 시작한 계정들은 이미 많은 팔로워를 보유하고 있을 것이다. 선두주자는 세상에 먼저 나와 시장을 장악할 수 있다는 이점이 있지만, 앞서 나가는 만큼 조심스러웠을 것이고 실패의 맛도 먼저 경험했을 수 있다. 그렇게 부딪히고 수정과 보완을 해가며 시장을 장악했다 하더라도 SNS라는 플랫폼의 특성상 더 이상 흥밋거리를 만들어내지 못한다면 팔로워를 유지하기 어렵다.

이것은 반대로 우리에게 이점으로 다가올 수 있다. 어떤 분야에서는 앞서 출시된 상품이 시장을 장악하고, 반전을 기대하기 어려울 만큼 확고하게 자리를 잡고 있다. 그러나 SNS라는 플랫폼은 한 가지 계정만을 소비할 수 있는 단답형 선택지가 아니며, 유저로 하여금 얼마든지 중복 선택을 할 수 있도록 열려 있다. 그래서 더 흥미로운 콘텐츠가 있다면 함께 팔로잉하고 여러 계정의 콘텐츠를 같이 소비할 수 있다는 강점이 있다. 그리고 이 플랫폼을 십분 활용하여 떠오르는 강자로 소비자의 선택을 받을 수 있는 기회가 얼마든지 열려 있다. 즉 시장을 장악한다는 개념이 어울리지 않는 플랫폼이라고 할 수 있다.

우리는 어찌 보면 SNS 세상의 후발주자로서 선발주자의 성공 사례와 실패사례를 보며 좀 더 짧은 시간에 선발주자를 쫓아가거나 그들을 벤치마킹하며 좀 더 쉽게 나아갈 수도 있다. 어떤 이들은 "그렇게 한다면 따라 하는 것밖에 안 되잖아요?"라고 반문하기도 한다. 그러나 우리는 빠르게 발전하는 현대 사회에 살고 있다. 지금 세상에 나와 있는 모든 것들 중 더 이상 새로운 것은 없다. 다만 조금씩 추가되고 변형되며 소비자들을 만나고 있는 것이다.

지갑은 도장이나 엽전 등을 넣고 다니는 목적으로 조선시대부터 있었고, 지금은 가죽 지갑, 천 지갑, 장지갑, 반지갑, 동전 지갑, 카드 지갑 등 다양한 형태의 지갑들이 나와 있지만 화폐를 보관하는 물건이라는 목적은 변하지 않았다. 마찬가지로 다양한 아이디어를 통한 SNS 이벤트들이 수도 없이 생겨 팔로워들을 유혹하지만, '좋아요'를 받기 위한 이벤트, 후기를 쌓기 위한 이벤트, 팔로워를 만들기 위한 이벤트 등 목적은 모두 비슷하다. 심지어 이벤트의 내용 역시 이미 누군가가 먼저 시작한 것을 비슷하게 하고 있는 경우가 많다.

잘 관리된 계정들을 최대한 많이 찾아보고, 그들이 생산해낸 콘텐츠를 유심히 관찰하며 벤치마킹하라. 비슷한 콘텐츠일지라도 보이는 상품은 명백히 다르다. 고객에게 흥미를 끌고, 나의 계정을 팔로잉하여 나의 상품을 소비하도록 한다는 목적의식만 뚜렷하다면 벤치마킹을 통해 내 계정을 빠르고 쉽게 성장시킬 수 있을 것이다.

페이스 조절을 하라

브랜드 계정을 관리하는 SNS 마케팅은 짝사랑과 비슷하다. '팔로 잉'이라는 피드백을 기대하며 고심하며 콘텐츠를 만들고, 정성스 럽게 댓글을 달고, 반응을 살피기 위해 매일매일 눈도장을 찍으며 들여다본다. 그러나 이러한 나의 사랑에 대한 보답이 생각보다 미 미하고, 돌아오는 답변이 뜨뜻미지근하다면 어느 순간 맥이 빠져 지치는 날이 올 수 있다. 초반에 불타오르던 사랑도 "이제는 놓아 야 하나…" 싶은 순간이 올 수도 있다.

이것은 SNS 마케팅을 하며 느끼게 되는 필연적인 감정의 수순 이다. 당장 효율이 나지 않는다고 해서 내려놓는다면 추후 다시 시 작할 때는 멈춘 지점부터가 아니라 처음부터 다시 시작해야 한다 는 것을 반드시 기억하라. 성공하는 사람들이 입을 모아 말하는 성 공의 이유 중 하나는 "성공을 하려면 성공할 때까지 지속해야 한 다"라는 것이다. 성공할 때까지 계속한다면 성공할 수밖에 없다는 이 단순한 공식을 많은 사람들이 간과하고, 도중에 포기해버리고 만다.

시작하기로 한 이상 가시적인 성과를 보겠다는 마음을 굳게 먹 고, 급하게 달리기보다는 페이스 조절을 하며 달려야 한다. 이것이 내가 루틴을 갖고, 계획을 짜야 한다고 지속적으로 강조하는 이유 이다. SNS 마케팅은 속도전이 아니라 장기전이라는 것을 명심해 야 한다.

4장

이것까지 알면
매출 5배 오른다,
하루 30분 업!

온라인숍에 필요한 마케팅,
오프라인 매장을 위한 마케팅

타깃 설정이 중요한 이유

SNS를 통한 콘텐츠 마케팅을 처음 시작하는 자영업자들의 80% 이상은 제대로 된 전략을 세우지 않은 채 시작한다. 마케팅을 담당하는 에이전시 마케터(광고회사의 마케터)나 인하우스 마케터(자사의 마케팅을 담당하는 마케터) 역시 고작 50% 정도만이 문서화된 마케팅 전략을 갖고 있다고 하니, 그냥 무작정 뛰어든다고 표현해도 무방할 정도이다. 전략이나 계획보다는 실행에 초점을 둔다고 긍정적으로 표현할 수도 있지만, 제대로 된 전략을 세우지 않는다면 엉뚱한 방향에 힘을 쏟아붓는 실수를 할 수 있다. 상세한 시간표나 콘텐츠의 주제 및 세부 내용을 먼저 만들고 시작하는 것이 가장 좋다. 만약 그렇게까지 할 여력이 없다면, 정확한 타깃 고객을 설정하고 그에 맞는 전략 정도는 짜야 한다. 우리 타깃의 주 연령층은 어떠한지, 사는 지역은 어디인지, 직업은 무엇인지 등 타깃을 먼저 설정해야 그들이 흥미를 가질 만한 콘텐츠를 만들 수 있다. 타깃을 명확하게 설정할수록 그들이 원하는 방향성을 파악할 수 있고, 그 틈을 파고들어 성공할 수 있는 것이다.

타깃을 설정할 때는 구체적일수록 좋지만 우리의 상품이 세대를 아우르고, 지역을 아울러 폭넓은 고객을 확보해야 한다면 천천히 타깃을 좁혀가는 것도 하나의 방법이다. 즉 처음부터 타깃을 완벽하게 설정하기보다는 나의 상품과 관련된 콘텐츠에 반응하고 따라오는 고객이 어떤 사람들인지 관찰하며 서서히 주 타깃층을 잡아갈 수도 있다.

이렇게 공략할 타깃을 파악하고 전략을 세우는 것은 매우 중요한데, 독학을 통해 혼자 마케팅하는 자영업자들이 가끔 하는 실수는 바로 이 부분을 놓친다는 것이다. 심지어 나의 매장에 필요한 마케팅이 어떤 것인지도 모른 채 무작정 뛰어들기도 한다.

관광지에서 쉽게 볼 수 있는 호객행위를 백화점에서는 볼 수 없고, 우리 집 앞 분식점이 TV CF 광고를 하지 않듯이, 상품군과 타깃층에 맞는 마케팅은 각각 따로 있다. 우선 가장 기본적인 온라인숍과 오프라인숍의 마케팅 차이에 대해 알아보자.

온라인숍과 오프라인숍의 차이

컴퓨터와 스마트폰으로 물건을 사는 온라인숍이 활성화되면서,

많은 오프라인 매장이 불황을 맞게 되었다. 그러나 똑똑한 기업들은 금세 태세를 전환하고 온라인 시장에 뛰어들었다. 또 오프라인 매장을 재정비하고 유통마진을 없애, 가격경쟁력을 가질 수 있는 온라인숍과 직접 체험할 수 있는 오프라인숍의 장점을 동시에 활용하는 방법으로 매출을 상승시켰다.

이는 큰 기업들만 할 수 있는 것은 아니다. 오프라인 매장을 운영 중이더라도 온라인을 통해 우리 매장에 필요한 마케팅을 하는 것이기도 하고, 향후 밀키트나 추가 상품을 판매하는 등의 상황이 올 수도 있으므로 각각의 판매 방식과 마케팅에 대한 차이점을 알아두는 것이 좋다.

온라인숍과 오프라인숍의 가장 큰 차이는 시간과 공간의 차이다. 오프라인 매장은 공간을 임대하여 사용하기 때문에 공간의 제약이 있다. 이는 맞이할 수 있는 고객이 그 지역에 반드시 방문해야 한다는 것이며, 단골로 붙잡을 수 있는 고객은 그 지역에 거주지를 두고 있는 고객이 우선된다는 것을 의미한다. 또한 물리적으로 매장을 오픈할 수 있는 시간의 제약도 받을 수밖에 없다.

반면 온라인숍은 시간과 공간의 제약이 없다. 아마존을 통해 미국에 있는 상품을 구매할 수도 있고, 타오바오를 통해 중국에 있는 상품을 구매할 수도 있다. 인터넷은 공간의 제약을 전혀 받지 않으며, 쇼핑몰 역시 열려 있는 사이트를 통해 24시간 원하는 시간에 언제든 접속하여 상품을 구매할 수 있다.

그리고 이는 마케팅에도 시간과 공간의 제약이 없음을 의미한다. 오프라인 매장에서 전단지를 돌리는 것으로 마케팅을 하려면 유동인구가 많은 시간대에 그들이 많이 다니는 장소를 선택해야 한다. 시간과 장소를 제대로 선택하지 않으면 전단지를 고스란히 다시 가지고 와야 하는 상황도 생긴다. 그러나 온라인을 통한 마케팅은 그런 제약 없이 내가 원하는 시간대에 할 수 있다. 매장을 마무리하고 집에 돌아온 새벽에 인스타그램 피드를 올린다 해도 상관없다. 물론 인스타그램, 카카오, 네이버 등 각 플랫폼마다 고객이 많이 접속하는 시간대가 있기 때문에 그 시간대를 공략하는 것이 좋다(1장 '인플루언서, 찾지 말고 찾아오게 하라' 참고). 그러나 그 시간대를 지켜가며 자체적으로 마케팅하는 것은 힘들기에, 시간의 제약이 없다는 SNS의 이점을 활용하여 실행에 집중하면 된다.

고객은 무엇을 평가하는가

실행을 시작했다면 무엇에 집중해야 할까? 이 역시 온라인숍과 오프라인숍에는 차이가 있다. 답은 고객이 무엇을 평가하는가에 집중하면 알 수 있다.

오프라인 매장은 고객이 직접 방문하여 눈으로 상품을 보기 때문에 매장에 대한 평가가 상품에만 집중되지는 않는다. 본인이 직접 꼼꼼히 확인하고 선택한 상품이기에 의심의 여지를 가질 필요가 없으며, 굳이 좋고 나쁨에 대한 평가를 할 필요도 없다. 그러므로 오프라인 매장에서 평가받는 것은 상품이 아니라 고객을 응대하는 직원의 태도와 서비스가 대부분이라 해도 무방하다. 특히 고가의 상품을 구매하는 경우, 고객은 구매 전에 다양한 매장을 방문하여 비교해볼 것이다. 또 직원으로부터 상품에 대한 조언을 받고 싶을 수도 있다.

매장 직원은 고객에게 제품을 판매하는 것에 그치지 않고 다시 그 매장을 방문하고 싶도록 만드는 역할을 하기도 하고, 비슷한 상품이라면 그 직원에게 구매하고 싶다는 마음이 들게 하기도 하며, 계획에 없던 물건을 구매하도록 욕구를 자극하는 터치 포인트 역할을 하기도 한다. 그렇게 고객이 그 매장에 대해 긍정적인 경험을 하게 하는 직원의 태도와 서비스가 리테일 마케팅(오프라인 매장에서 직접적으로 판매를 활성화하기 위한 마케팅)의 핵심이라고 보아도 무방하다.

이는 상품을 파는 매장이 아니라 음식점에서도 마찬가지이다. 대부분의 음식점 맛이 상향 평준화된 지금, 혹평을 받을 만큼 불쾌한 맛이 아니라면 직원의 태도와 서비스로 충분히 상쇄가 가능하다. 만일 음식이 그다지 만족스럽지 않았다 해도 친절한 직원과 사장님의 서비스를 겪으면 나쁜 말을 하기가 어렵다.

그러나 온라인숍은 어떨까? 그곳에서 일하는 사람이 누구인지, 말투는 어떻고 온라인에 남긴 내 질문에 답할 때 미소를 보여주는지 같은 것에는 전혀 관심이 없다. 직원 때문에 물건을 구매한다거나 그 온라인숍에 다시 방문하는 경우도 거의 없다. 다양한 조명과 기술을 동원해 잘 찍힌 사진을 통해 상품을 선택하고, 받아본 뒤에야 그 상품의 퀄리티를 알 수 있기 때문에 대부분의 온라인숍에는 고객들의 상품평이 있다. 제품을 구매한 고객은 상품평을 남기고, 또 기존 구매자가 남긴 상품평을 참고하여 최종적으로 구매 결정을 내리게 된다.

어떤 마케팅에 집중할 것인지 판단하기 위해서는 고객이 상품을 구매하는 단계에서 참고하는 것이 무엇이며, 어떤 것이 구매 의사를 결정하는 데 영향을 끼치는지 파악해야 한다. 오프라인 매장을 운영한다면 일단 고객을 끌 수 있는 콘텐츠를 만드는 것에 집중해야 한다. 보이는 콘텐츠를 통해 고객을 매혹시키고, 방문까지 이어지도록 만드는 것이 첫 번째 목표이며, 고객이 방문했을 때는 최선의 서비스로 만족을 주어야 한다. 반면 온라인숍을 운영한다면 고객의 구매에 의존할 수밖에 없는 상품평 관리에 집중해야 한다. 홈페이지 내의 리뷰 관리뿐 아니라 후기 마케팅, 체험단 마케팅 등을 활용하여 만족할 수 있는 상품이라는 것을 고객에게 인식시켜야 한다.

블로그 상위 노출
알고리즘의 변천사

온라인 마케팅이라고 하면 일반적으로 인터넷을 활용하여 광고를 하는 방법 정도로 알고 있는 사람이 많지만, 온라인 마케팅의 범주 안에는 통상적으로 생각하는 것보다 훨씬 더 많은 종류의 마케팅이 존재한다. 사업을 활성화시키고 매출을 키우기 위해 이 책에서 다루고 있는 SNS 마케팅만 해도 인스타그램, 페이스북, 트위터, 틱톡, 네이버 밴드, 카카오 등 채널의 종류가 많을 뿐 아니라 각 채널을 활용한 마케팅 역시 다양하다. 채널 안에 전광판처럼 광고를 내는 디스플레이 마케팅, 밈이나 짤처럼 입소문을 내며 유저들에게 널리 알리는 바이럴 마케팅, 고객의 나이와 성별, 직업 등 유저 성향에 기반하여 타깃에게 광고를 보여지게 하는 타깃 마케팅, 팔로워나 구독자를 많이 보유한 인플루언서를 통해 광고하는 인플루언서 마케팅, SNS의 가장 기본이 되는 콘텐츠를 통해 광고하는 콘텐츠 마케팅 외에도 다양한 종류의 마케팅이 있다. 또 마케팅의 실행 방식과 과금되는 방식에 따라서도 세분화되어 불린다.

직접 마케팅을 하기로 마음먹었다면 앞서 이야기한 디스플레이 마케팅, 바이럴 마케팅, 타깃 마케팅, 인플루언서 마케팅, 콘텐츠 마케팅 정도의 용어는 기억해두는 것이 좋다. 이 다섯 가지는 SNS 마케팅에 국한된 것이 아니라 온라인 마케팅을 할 수 있는 모든 플랫폼에 적용되는 기본적인 것들이기 때문이다.

용어를 정확히 이해하기 위해 국내 최대 포털사이트인 네이버를 예로 들어 설명해 보겠다.

디스플레이 광고는 네이버 메인에 들어갔을 때 전광판처럼 보이는 광고이다. 그리고 보는 이들에게 긍정적인 호기심을 자극하는 블로그나 카페를 통해 입소문을 내는 것은 바이럴 마케팅이라 볼 수 있다. 한편 블로그나 언론 기사 등 다양한 웹페이지를 돌아다니다 보면 내가 구매할까 망설였던 사이트의 제품 배너가 뜰 때가 있는데, 이는 내가 방문했던 기록을 통해 나를 쫓아다니며 광고하는 리타깃팅 마케팅이다. 또한 내가 관심을 갖고 찾아봤던 제품과 유사한 제품들의 배너 광고도 종종 볼 수 있는데, 이는 나와 비슷한 성향을 가진 타깃군을 설정하여 광고를 보이게 하는 타깃 마케팅이다(인플루언서 마케팅과 콘텐츠 마케팅은 책 내에서도 충분히 다루고 있으므로 생략한다).

기본적인 마케팅 용어를 알아야 하는 이유는 단순히 지식을 축적하는 차원을 넘어, 내가 무엇을 하고 있는지 정확하게 알아야 하기 때문이다. 또한 추후 광고대행사와 거래하게 되었을 때, 원하는 바를 정확하게 피력하고 그에 상응하는 효과를 얻기 위해서도 마케팅에 대한 기본지식은 필수다.

블로그 마케팅은 공부하면 할 수 있나요?

고객이 광고대행사에 의뢰하는 마케팅 중 절대 다수를 차지하는 것이 네이버 마케팅이다. 최근에는 구글과 유튜브를 통해 정보를 탐색하는 사람이 많아졌지만, 아직까지도 네이버는 60%가 넘는 점유율을 유지하며 국내 1위 포털사이트의 위엄을 굳건히 지키고 있다.

지금은 포털사이트보다 유튜브나 인스타그램을 통해 검색을 하는 사람들도 많이 있다. 그러나 소상공인, 기업을 막론하고 네이버에 자사의 브랜드로 포장된 브랜드 블로그를 운영하거나 원하는 검색어에서 블로그나 포스트, 카페를 통한 광고글이 상단에 노출되게 하는 상위 노출 광고를 의뢰하는 업체의 수요는 꾸준히 유지되고 있다.

이러한 광고주들은 단순히 중요성을 인지해서 의뢰한다기보다는 예전에 이를 통해 광고 효과를 거두었던 경험을 갖고 의뢰하는 경우들이 많다. 그래서인지 '잘은' 모르지만 '얕게는' 알고 있다는 공통점이 있다. 그러나 블로그 마케팅을 쉽게 생각하고 직접 해보려고 접근했다가는 시간 낭비를 할 가능성이 높다. 블로그와 관련된 책은 이미 시중에만 8,000권이 넘지만, 그 책을 보고 따라 한다고 해서 모두가 블로그 마케팅에 성공하기는 어렵다.

꾸준히 콘텐츠를 쌓아가고 팔로워들의 흥미를 이끌어낸다면 언제든 반등의 기회가 있는 SNS와는 달리, 블로그에는 '상위 노출'이라는 알고리즘이 있고, 이 알고리즘은 살아 있는 생물처럼 시시각각 변하기 때문에, 단순히 열심히만 한다고 해서 상위에 노출되기는 힘들기 때문이다. 오늘 블로그 강의를 들었다 하더라도 한 달 뒤 상위 노출 알고리즘이 어떻게 변경되었을지 모르고, 몇 달 전에 씌어진 블로그 마케팅 책의 로직이 현재까지 유지되고 있으리라는 법이 없다.

나 역시 블로그 마케팅에 관련된 강의를 진행한 적이 있고, 재미 삼아 관련 강의를 들은 적도 있다. 그런데 만일 2시간짜리 강의라면 대부분 블로그를 쓰며 갖춰야 할 기본적인 형식에 대해 20분 정도를 할애하고, 나머지는 몰라도 되거나 이미 알고 있는 내용들이 주를 이룬다. 지금까지 흘러온 블로그 시장의 전반적인 흐름이나 블로그 시장의 통계, 블로그 툴의 기능을 다루는 이야기 등으로 채우면서 "상위 노출 알고리즘은 이렇습니다!"라는 정답을 내놓지는 않는다. 외우면 답을 풀 수 있는 수학 공식과는 다르게, 직원조차 명쾌한 지름길을 알려줄 수 없는 것이 바로 네이버 블로그의 알고리즘이다.

블로그 상위 노출은 어떻게 하나요?

그렇다면 블로그 마케팅 회사들은 어떻게 상위 노출을 보장하는 광고를 해준다는 것일까? 대답은 그들은 그것이 일이기 때문이다.

광고대행사는 기업이나 광고주의 의뢰를 받고 마케팅 전략을 제안하며, 그 안에는 블로그 마케팅을 포함하여 다양한 마케팅이 포함되어 있다. 그리고 각 분야에 따라 이 영역들을 진행하는데, 직접 진행하는 것도 있지만 블로그 상위 노출은 '실행사'라고 불리는 또 다른 광고회사에 하청을 주는 경우가 많다. LG에서 노트북을 만들지만 디스플레이, 반도체, 메모리카드, 그래픽카드 등 각 부품은 각기 다른 전문업체들에 하청을 주는 것과 비슷한 맥락이다.

나는 광고회사를 운영하면서 이 '실행사' 영역에서 직접 컨택할 수 없는 다양한 대기업 및 유명한 브랜드들의 블로그 상위 노출 광고도 광고대행사의 하청을 받아 진행하기도 했다. 마진을 남겨야 하기에, 광고 수주를 따와서 일을 맡기는 광고대행사의 수익률이 가장 높은 건 어쩔 수 없지만, 실행 분야는 일은 많고 마진은 적은 막노동과도 비슷하다.

실행사의 업무 방식은 다음과 같다. 예를 들어 '노트북'이라는 검색어로 상위에 노출되고 싶다면 현재 노출되어 있는 블로그들을 일일이 들어가보고, 그와 비슷한 수준의 지수를 갖고 있는 블로그를 먼저 섭외한다. 회사 내에서 보유하고 있는 블로그가 될 수도 있지만 그게 아니라면 비용을 받으며 포스팅을 써주는 블로그들 중 노출된 블로그와 동급이거나 그보다 높은 지수를 가진 블로그를 섭외해야 상위에 노출될 가능성이 있다. 그리고 노출된 글들을 살펴보며 일종의 규칙을 찾아봐야 한다. 현재 '노트북'이라는 검색어로 상위노출되고 있는 포스팅들 안에 글자 수는 몇 자나 되는지, 사진은 몇 장이나 있는지, 키워드는 몇 개나 들어 있는지, 제목은 어떤 식으로 쓰였으며 포스팅에 쓰지 않은(노출에 부정적인 영향을 줄 수 있는) 단어나 언어는 없는지 등을 확인하고, 그와 비슷한 형식으로 글을 작성해서 섭외된 블로거에게 전달하여 발행한다.

그렇게 발행한 글이 상위에 노출된다 하더라도 로직에 더 맞고 지수가 높은 블로그에서 새로운 포스팅이 발행된다면 그 최신 글이 상단으로 갈 수도 있고, 내가 발행한 글이 계속 유지될 수도 있다. 며칠 동안 유지될지, 몇 달이 유지될지는 아무도 모르기에 매일매일 체크하며 새로운 글들을 주시하고, 페이지가 넘어가 노출이 떨어지면 같은 작업을 반복한다. 결국 상위 노출을 할 수 있는 방법은 꾸준한 관찰과 실험이며, 그 일을 주업으로 삼은 사람이 아니고는 할 수 없는 일인 것이다.

최적화? 리브라? 씨랭크? 다이아?

나는 모든 것을 긍정적으로 생각하려 하고, 또 '모르면 배워서 하면 된다!' '하고자 한다면 할 수 있다!'를 가치관으로 삼고 있지만, 블로그를 처음 개설하고 시작하는 단계에서 상위 노출을 노린다는 것은 이제 알파벳을 배우는 단계이면서 영어 통역사가 되겠다고 하는 것만큼 섣부른 도전이라고 확실히 이야기할 수 있다. 하지만 어느 정도 시간적인 여유가 있고, 직접 소소한 나의 일상과 사업 이야기를 담은 블로그를 운영하고 싶다면 지금 이야기하는 블로그의 변천사와 기초적인 팁을 참고하길 바란다.

2010년대 초반에는 블로그 상위 노출이 지금처럼 어렵지 않았고, 네이버가 하루에도 시시각각 로직을 흔들어대며 실행사들을 괴롭히지는 않았다. 소위 말하는 '파워블로거'는 네이버에서 전문적인 분야에 꾸준히 글을 쓰는 블로거들에게 붙여주는 배지 이름이면서 그들을 통칭하는 단어였는데, 그렇다고 파워블로그들이 모두 100% 상위 노출이 되는 것은 아니었다. 상위에 노출되는 블로그는 '최적화 블로그', 그보다 더 노출이 잘되는 블로그는 '리브라 블로그'라고 불렸다. 리브라 로직 시절에는 하루에 한두 건씩 블로그에 꾸준히 글을 쓰기만 하면 어느 정도 노출이 되었는데, 노출이 되기 시작했을 때 그 글에 댓글이나 공감을 많이 눌러준다거나 스크랩(퍼가기)을 4~5차례 진행해 주면 원하는 검색어의 1위에 오르는 것도 어렵지 않았다. 그렇기에 일명 블로그 공장이라 불리는 업체들이 상위 노출용으로 블로그를 대량 생산하기도 했고 댓글, 공감, 스크랩을 하는 프로그램을 만들어서 작업을 하기도 했다.

하지만 무분별한 최적화 블로그의 양산으로 광고성 글들이 넘쳐나고, 네이버 블로그의 글들이 신뢰성을 잃어가자 네이버는 광고성 글이 많거나 네이버만의 로직에 어긋나는 블로그들에 '저품질'이라는 사형선고를 내리며 노출에서 제외시켰고, 한 분야에 전문성을 가지고 오랫동안 운영해온 블로그들을 상위로 끌어올려주기 시작했다. 이것이 C-Rank(씨랭크) 로직이다. 상위 노출을 전문적으로 하던 실행사들이 보유한 블로그 안에는 중구난방, 각양각색의 광고들이 들어차 있었기에 모두 저품질(미노출) 대상이었고, 몇십 개의 블로그가 저품질이 되어 더 이상 상위 노출을 해줄 수 없게 된 실행사들은 줄줄이 폐업으로 이어졌다.

만약 새롭게 블로그를 만들어서 양질의 글을 올린다 하더라도 꾸준함에 초점을 맞춘 씨랭크 로직에 부합한 블로그의 노출을 따라가기에는 한참 역부족이었기에, 이를 타개할 수 있는 새로운 로직이 등장했다. 파워블로거라는 말이 퇴색되어갈 즈음, 씨랭크 로직의 오류를 보완한 DIA(다이아) 로직이 생겨난 것이다. 다이아 로직은 포스팅이 유저에게 얼마나 많은 정보를 주었는지를 판단하는 기준으로 클릭 수와 체류 시간, 공유 횟수, 댓글 등을 추가로 분석하여 상위로 끌어올렸고, 결국 한 가지 분야에서 높은 퀄리티의 글을 전문적으로 꾸준히 생산해내는 블로그를 상위에 노출시켰다. 이렇게 블로그 알고리즘은 리브라에서 씨랭크로, 이후 다이아로 변경되어 지금까지 이어져오고 있다.

상위 노출 블로그가 되기 위해 글자 수는 몇 개, 키워드는 몇 개, 사진은 몇 개라는 정확한 공식은 없다. 하지만 점점 더 디테일해지는 네이버의 검열을 벗어나 눈에 띄는 고품질의 블로그를 갖고 싶다면, 같은 분야의 주제로 전문적으로 글을 쓰되 사람들의 시선을 오래 잡아둘 수 있도록 흥미롭게 써야 한다.

블로그 마케팅을 직접 하고 싶다면?

온갖 정성을 쏟고 쏟아 없는 글재주를 부리고, 이모티콘도 넣어가며 재미있게 쓰려고 노력해도, 장황한 글을 쓰며 투자한 시간만큼 성과가 금방 나지는 않을 것이다. 블로그 마케팅에 비하면 SNS 마케팅은 비교적 간단하다고 볼 수 있다. 블로그 포스팅이 몇 시간 동안 쳐다보며 정성스럽게 우려야 하는 사골국이라면 SNS 마케팅은 쉽게 만들 수 있지만 자극적이면서 배도 채울 수 있는 라면과 비슷하달까. 라면은 식사 대용으로도 충분하기에 이제는 많은 사람이 SNS를 이용하며 시간을 보내지만, 사실 더 자세한 정보를 얻기 위해 여전히 블로그를 찾는 사람들도 많다.

그러나 앞서 말했던 바와 같이 리브라 - 씨랭크 - 다이아로 이어지는 큰 틀에서의 로직뿐 아니라 검색어에 노출이 되는 세세한 로직들도 시시각각 변한다. 무료로 제공하는 강의가 있다면 들어보는 것도 경험이 될 수는 있겠지만, 적게는 몇십만 원에서 많게는 몇백만 원까지 들여 블로그 강의를 수강하는 일은 하지 않길 바란다. 그런 강의를 듣느라 돈과 시간을 낭비한 사람들을 많이 보았기 때문이다.

같은 분야의 주제로, 전문적으로, 흥미롭게 쓴다는 전략을 유지하되 상위 노출의 기본적인 틀을 갖춰서 글을 쓰고, 원하는 키워드를 주시하며 스스로 터득하는 것을 추천한다.

상위 노출을 위한 블로그 글쓰기 팁 세 가지

상위 노출을 위한 블로그 글쓰기의 기본적인 틀 중 첫 번째는 검색어를 제목에 포함하는 것이다. 검색엔진에서 결괏값을 크롤링(Crawling, 소프트웨어 따위가 웹을 돌아다니며 유용한 정보를 찾아 특정 데이터베이스로 수집해 오는 작업이나 기술)할 때 본문보다 먼저 걸리는 것이 제목이기 때문이다. 따라서 제목에는 검색어를 반드시 포함하고, 본문 내에도 최소 3번 이상 검색어를 삽입하는 것이 좋다. 너무 많으면 광고글로 인식될 수 있으므로, 같은 검색어에 노출되어 있는 포스팅을 참고하여 넣기 바란다.

두 번째로 사진은 반드시 직접 찍은 사진으로 업로드해야 한다. 온라인에 떠다니는 사진을 퍼오거나 캡처해서 사용하는 것은 블로그 지수에 굉장히 나쁜 영향을 끼친다. 네이버는 사진으로 촬영하면 비슷한 상품을 찾아줄 정도로 유사 이미지에 대한 필터링이 잘 되어 있다. 또한 한번 인터넷에 올라간 사진들은 흔적이 남아 있기 때문에 직접 촬영한 사진이나 직접 제작한 이미지를 업로드하는 것이 좋으며, 수량은 최소 6장 이상 삽입하는 것이 좋다.

세 번째는 SNS 마케팅과 마찬가지로 몇 번을 강조해도 부족하지 않은 것인데, 꾸준함이 필요하다는 것이다. 하루 최소 1개 이상의 포스팅을 업로드하는 것이 좋다. 네이버는 꾸준히 포스팅을 발행하는 블로그의 점수를 높게 평가하기 때문에 최소 1일 1포스팅을 원칙으로 글을 작성하기 바란다.

그리고 앞에서 검색어와 해시태그에 대해 언급했듯이 블로그도 키워드 선정이 중요하다. 많은 사람들이 검색하는 검색어에는 그만큼 많은 포스팅들이 발행되고 있으며, 지수가 높은 블로그들도 함께 포스팅을 발행하기 때문에 경쟁이 심할 수밖에 없다. 그러므로 최대한 세부 키워드를 잡아가며 발행하는 것이 좋다. 즉 아직 신생 블로그라면 '강남 맛집'보다는 '강남 삼겹살 맛집'으로 시도하는 것이 좋으며, 그보다는 '강남역 근처 삼겹살 맛집'과 같이 더 잘게 쪼개고 나눈 키워드로 시도하는 것을 추천한다. '강남역 근처 삼겹살 맛집'으로 노출이 된다면 이런 비슷한 키워드들로 다양하게 유입을 만들고, 어느 정도 성장한 후에 조금씩 더 포괄적인 키워드로 도전해 보기 바란다.

마지막으로 강조하고 싶은 것은 블로그 상위 노출을 위한 확실한 방법은 없다는 것이다. 비법을 알려준다는 이야기에 현혹되어 괜한 지출을 하지 않길 바란다.

직접 하는 마케팅 vs
맡겨야 하는 마케팅

어릴 적 학교 앞 문방구에는 불량식품을 많이 팔았다. 조그만 사탕이나 캐러멜, 가격도 저렴한 그 과자들을 '불량식품'이라는 이름으로 통칭했는데 왜 그렇게 부르는지 궁금해하지도 않고 그저 신나게 사 먹었던 기억이 있다. 지금 생각해 보면 그런 제품들이 〈불만제로〉 같은 소비자 고발 프로그램에 많이 등장했던 것 같다. 즉 제품의 공정이 깔끔하지 못하고, 몸에 좋지 않은 각종 첨가물을 넣어 아이들의 입맛을 현혹시키는 것에만 급급했기에 불량한 식품으로 인식된 것이 아닐까 싶다.

그러나 지금 우리의 아이들을 대상으로 나오는 각종 간식이나 과자들은 그리 불량하지 않다. 이제는 만들어지는 과정도 청결하고, 거의 모든 제품들이 재료와 원산지 표시 등을 하고 있기에 불

172

량할 수가 없다. 그리고 이런 변화는 단순히 시간이 흐르고 시대가 발전해서라기보다 이제는 소비자들이 똑똑해져서 '눈 가리고 아웅' 식의 속임수는 통하지 않게 되었기 때문이다. '화해'라는 화장품 애플리케이션에 들어가면 화장품 이름을 검색하기만 해도 원재료가 무엇인지 알 수 있고, 또 그 성분으로 인해 일어날 수 있는 부작용이나 자극도까지 찾아볼 수 있다. 이처럼 이제는 궁금한 것이 있을 때 조금만 검색해 보면 정보들이 쏟아지고, 소비자들은 그 정보들을 통해 편리하게 지식을 넓힐 수 있다.

마케팅도 마찬가지다. 불과 몇 년 전만 하더라도 광고는 전문가들만 할 수 있는 고유의 영역이었다. 물론 소수의 열정이 넘치는 젊은 사장님들이 PC와 모바일을 열심히 만지고, 필요하다면 참고서적을 구매하고 강의를 들어가며 직접 시도하기도 했지만, 많은 사람들이 직접적으로 뛰어드는 시장은 아니었다. 그러나 이제는 상황이 완전히 바뀌었다. 다수의 사장님들이 자신의 계정을 직접 운영하여 고객과 소통하며, 네이버나 유튜브를 통해 이미지를 편집하는 프로그램이나 영상을 편집하는 프로그램까지 배워서 직접 마케팅 전쟁에 뛰어들고 있다. 또 그런 사장님들에게 보답이라도 하듯 마케팅 관련 플랫폼이나 툴들 역시 그들에 맞춰 UI(User Interface, 사용자가 프로그램을 편리하게 사용할 수 있도록 하는 설계 또는 그 결과물)를 만들어내고 있다. 즉 온라인 마케팅을 직접 실행할 수 있는 진입장벽이 낮아지고 있으며, 직접 하기 위해 배워야 하는 정보들은 수많은 블로거와 유튜버들을 통해 보기 쉽게 가공되었고, 이러한 정보들을 받아들이는 사업주들은 지속적으로 발전하고 있다. 따라서 이제는 하지 않으면 도태될 수밖에 없는 상황이 왔다고도 볼 수 있다.

부담감은 독이 된다

이제는 TV에서뿐만 아니라 우리 주위에서도 직접 블로그를 운영하며 작은 분식집에서 연 매출 4억 원을 올리는 사장님이나 인스타그램을 직접 운영하며 배달만 하는데도 연 매출 10억 원에 이르는 빵집 등의 사례를 심심치 않게 접할 수 있다. 나와 비슷한 업종의 가게들 중에는 온라인 마케팅을 하지 않는 곳이 없을 정도이며, 이제는 단순히 광고대행사에 비용을 주고 위탁하는 것이 아니라 본인들이 직접 사진을 찍고 글을 올리며 스스로 매출 상승을 일으키고 있다.

이러한 사례들을 보면 조바심이 나지 않을 수 없을 것이다. 어떻게 저렇게까지 한 거지? 나도 진작 시작할걸, 하는 생각으로 급하게 서점에 와 이 책을 집어 든 사장님도 있을 것이다. 그러나 앞서 이야기했듯이 SNS 시장은 선점한다고 해서 그 자리를 독점적으로 유지할 수 있는 것도 아니고, 먼저 뛰어들었다고 결승점에 먼저 도달하는 것도 아니다. 그러므로 불안해하거나 걱정할 필요 없이, 부담감을 내려놓고 차분하게 전략을 짜야 한다. 그리고 그 전략 안에는 콘텐츠에 무엇을 어떻게 담을 것인가뿐만 아니라 내가 정말 할 수 있는지, 할 수 있다면 어느 정도의 시간을 언제 어떻게 투자할 것인지에 대한 스케줄도 포함되어 있어야 한다.

급하게 뛰어가면 넘어질 확률이 높고, 초반에 달려버리면 후반에는 지치기 마련이다. 페이스 조절을 위해 루틴을 잡고 내가 할 수 있는 것들에 대해 정리하고 시작하면 된다.

할 수 있는 것을 선택하고, 해야 하는 것에 집중하라

지금까지 마음가짐을 바로잡았다면 이제 다양한 마케팅 노하우에 대해 알려줄 것이다. 그러나 직접 실행하는 SNS 마케팅으로 대박을 터뜨린 사례들이 많지만, 그들이 한 것을 나도 모두 할 수 있다는 자만심을 가져서는 안 된다. 어릴 때부터 PC와 모바일을 손에서 놓지 않은 세대가 아니라면 따라 하기 어려운 부분도 있을 수 있다.

인스타그램을 개설하는 것은 일반적인 사이트의 회원가입과 별반 다를 바 없기에 어렵지 않을 것이며, 사진을 촬영하고 콘텐츠를 업로드하는 것도 간단한 조작이기에 어렵지 않을 것이다. 그러나 광고 대상을 설정하고 콘텐츠를 노출시키는 타깃 광고는 조금 어렵게 느껴질 수도 있다. 그렇다면 콘텐츠를 만들고 업로드하는 것에 집중하고, 타깃 광고에 대한 욕심은 과감히 버리자. 타깃 광고가 필요하다면 내 계정이 어느 정도의 궤도에 올라서고 나서, 광고 대행사에 의뢰하는 것도 하나의 방법이다.

어떤 이는 사진 촬영을 어렵게 느낄 수도 있다. 아무리 구도를 잡고 노력하여 찍어도 음식이 맛있어 보이지 않고, 좋은 카메라를 사고 조명을 구비하여 사진을 찍어도 상품이 멋지게 안 나온다면 사진만큼은 전문가에게 의뢰하는 것도 방법이다.

유튜브를 하고 싶은데 편집은 전혀 모르겠다면 편집만 하는 편집자를 찾으면 된다. 보통 유튜브 영상 PD들은 촬영과 편집을 함께 해주고 비용을 받지만, 촬영만 따로 해주거나 편집만 따로 해주는 사람들도 있다. 크몽이나 오투잡, 재능넷같이 프리랜서 전문가와 협업할 수 있는 사이트들을 통해 그들에게 필요한 부분만 의뢰한다면 그만큼 전문성은 올라가고 비용은 절감할 수 있다. 나의 주업은 영상 편집자가 아닌데, 가게 일은 제쳐두고 편집 프로그램을 배우러 다니는 어리석은 행동을 하지 않길 바란다.

혹시나 이 책을 읽는 독자 중 컴퓨터는 포스기 외에는 구경해 본 적도 없고, 휴대폰은 전화기로만 사용하는 사장님이 있다면 계정의 운영과 관리를 마케팅 대행사에 맡겨도 된다. 할 수 없는 것을 붙잡고 매달리며 시간을 소비하기보다는 더 가치 있는 곳에 시간을 쓰는 것이 낫기 때문이다. 그러나 비용을 주고 맡긴 후 나 몰라라 해서는 안 된다. 업로드되는 콘텐츠와 고객의 댓글, 반응들은 지속적으로 주시하며 신경 써야 한다. 정확한 레시피가 있어야 원하는 요리가 나오듯이, 광고 대행도 잘 맡겨야 좋은 결과물을 얻을 수 있다. 내 계정에 업로드될 콘텐츠에 대한 전반적인 기획이나 주제, 내용 등은 함께 고민해야 마땅하다.

광고회사에
헛돈 쓰는 유형

수수방관 나 몰라라형

내가 체험단 사이트를 론칭하기 시작하던 무렵에는 바이럴 마케팅 쪽을 주력으로 운영했었다. 당시에는 기업이나 브랜드의 마케팅 의뢰보다는 음식점, 카페, 네일숍, 헤어숍 등 자영업자 광고주의 의뢰를 많이 받았다. 자영업자들의 니즈는 브랜드 블로그, SNS 운영이나 상위 노출 등의 마케팅 쪽이 많았기 때문에, 콘텐츠를 꾸준히 생산하려면 매장을 방문하여 촬영하는 것이 필수 프로세스였다. 그렇게 매장에 방문해서 촬영을 하다 보면, 사장님이 사업장과 마케팅에 신경을 얼마나 쓰는지를 한눈에 파악할 수 있다.

광고 의뢰가 들어오면 방문과 상담, 계약 절차를 거치기 때문에 사장님과 대화를 나눌 수 있는 시간은 충분하다. 그러나 상담은 사장님의 니즈를 파악하고 궁금한 것에 대한 문의를 받는 시간이고,

계약 시에는 아무래도 민감한 금액에 대한 이야기를 나누게 된다. 그러나 계약이 완료되고 마케팅 진행에 들어서면 계약 때 1~2만 원에도 민감하던 사장님이 어쩜 저렇게 무심할 수 있을까 싶을 정도로 신경을 쓰지 않는 경우도 있다. 아직 마케팅은 시작도 하지 않았는데 "그럼 잘 부탁합니다"라는 말과 함께 매니저한테 위임한 후 그 뒤로는 볼 수 없는 경우도 있었고, 매장 오픈 전 촬영하기로 약속을 하고 촬영 전날 분명 통화를 했는데도 잊어버리고 당일에 집에서 자고 있던 사장님도 있었다.

현장에서 촬영을 하다 보면 "벽에 걸려 있는 이 그림은 특별한 의미가 있는데요"라든가 "우리 매장의 채소들은 다 뒤쪽에 있는 텃밭에서 따온 건데 모르셨죠?" 등 미팅 때는 미처 나누지 못한 이야깃거리가 생길 수도 있으며, "앗, 이 부분은 언급하지 말아주세요!"라는 주의사항도 알 수 있게 된다.

대행사도 물론 무엇에 집중하여 콘텐츠를 만들고 사진은 어떤 콘셉트로 녹일 것인지, 이 사업장만의 강점은 무엇이며 고객에게 강조할 소구 포인트는 무엇인지 고민하고 방문하지만, 사업장을 가장 잘 아는 것은 사장님 본인이기에 지속적인 소통이 있어야 그만큼 완성도 높은 결과물이 나오게 된다. 광고대행사에 마케팅을 의뢰했다면 그들이 방문해서 일을 할 때 최소 2번 이상은 동석하고, 업무 후에도 미팅을 통해 원하는 니즈를 한 번 더 피력하길 바란다. 세상의 모든 일은 당사자가 신경 쓴 만큼 결과물이 나오는 것이다.

가끔은 사장님이 신경을 쓰는 것 같긴 한데, 결과물에는 전혀 도움이 안 되는 경우도 있다. 미팅을 아무리 많이 하고 질문을 아무리 많이 던져도 속마음을 안 비치는 경우다.

수제화 업체에서 홈페이지 제작을 의뢰받아 진행한 적이 있었다. 디자이너와 동석한 미팅에서 나는 계약만 마무리 짓고 디자이너가 니즈 파악을 위해 사장님께 최대한 많은 질문을 편하게 할 수 있도록, 다른 공간에서 실무자와 이야기를 나누며 기다렸다. 그런데 미팅을 끝내고 나온 디자이너가 아리송한 표정을 지으며, 이야기를 많이 한 것 같은데 도통 모르겠다며 난감해했다. 사무실에 돌아와 미팅 시 메모한 내용을 보니, "유니크하면서 너무 튀지 않는", "도시적이면서 편안한" 등의 상충되는 말들이 보였다. 수제화라는 제품의 특성을 고려하면 독특하지만 튀지 않고, 도시적이면서 편안한 제품을 실현시킬 수는 있겠지만, 홈페이지의 디자인 측면에서는 애매한 부분이 있었다. 어느 정도 틀을 잡아가며 사장님과 다시 통화했을 때에도, 머뭇머뭇하며 "빛나지만 너무 반짝이지 않는" 등의 굉장히 추상적인 이야기를 하셨는데, 전화를 끊고 나니 나 역시, '술은 마셨지만 음주운전은 하지 않은 듯한' 모호한 느낌을 받았다.

이런 경우는 보통 두 가지 상황 중 하나다. 사장님 본인도 어떻게 해야 할지 명확한 기준을 잡지 못했거나, 아니면 분명히 원하는 것이 있긴 하지만 표현의 한계에 부딪힌 것이다.

시작할 때 제대로 방향을 잡지 않으면 수정에 수정을 거듭하다 지칠 때쯤 백지화시키고 처음부터 다시 해야 하는 상황도 생길 수 있기 때문에, 명확한 기준을 잡는 것이 먼저이다. 나는 우선 우리의 포트폴리오와 다른 사이트의 참고 이미지들을 콘셉트별로 분류하여 사장님께 보여드렸고, 작업 초반에는 사장님이 원하는 이미지를 담은 콘셉트 사진들이 있다면 보내달라고 이야기했다. 일단 일을 맡기고 나면 광고대행사의 연락을 다소 귀찮아하는 사장님도 있지만 나는 사장님이 머릿속에 그리는 그림을 이미지화하기 위해 초반부터 지속적으로 대화하며 결과물을 만들어냈다.

능력 있는 화가는 연필 한 자루만 가지고도 멋진 그림을 그려낼 수 있다. 그러나 의뢰인이 어떤 그림을 원하는지 어떻게 이야기하느냐에 따라 결과물의 만족도가 달라진다.

하루에도 열두 번 움직이는 갈대형

코로나19로 인해 해외여행은 오래전의 기억이 되었지만, 예전에는 계절을 막론하고 여행사의 광고 의뢰가 많았다. 한번은 인도 전문 여행사로부터 광고 의뢰를 받아 진행한 일이 있었다. 우리 사무실과 위치도 가깝고 IMC(Integrated Marketing Communication, 통합 마케팅)를 진행하게 되어 의논할 것도 많았기에 해당 업체를 자주 방문하게 되었다. 곧 성수기가 다가오니 빠르게 광고를 해달라고 말하던 대표님은 목소리도 화통하고 꽤나 유쾌한 분이셨는데, 친근하게 느껴졌던 그 유쾌함이 시간이 지날수록 무서워졌던 일이 있다.

처음 미팅 때 사장님은 '국내 최고의 인도 전문 여행사'라는 타이틀을 원한다면서, 인도의 강렬한 태양과 인도만의 전통적인 느낌을 살려 페이지와 광고 소재들을 만들어달라고 했다. 명확한 니즈가 있었기에 몇 가지만 조율한 후 빠르게 작업에 들어갔다. 그런데 어느 정도 시안을 완성하고 며칠 후 다시 방문했을 때 사장님은 한국은 이제 막 더위가 가시고 선선해지는데 다시 더운 나라로 가는 건 여행욕을 자극하지 않을 것 같으니, 인도의 액티비티를 담은 이미지로 다시 제작해달라고 하는 것이었다. 인도는 다양한 지형을 가지고 있어 액티비티 명소로도 유명하다고 하여, 이번에는 인도에서 스카이다이빙으로 유명한 명소와 열기구 등의 이미지를 넣어 다시 소재를 제작했다.

그러나 소재를 메일로 보내자마자 전화를 걸어온 사장님은 아무래도 다시 인도 느낌을 살리는 것이 좋겠다는 것이었다. 미안하신지 허허허 웃으며 이야기하기에, 알겠다고 이야기하고 이번에는 명확하게 방향을 잡기 위해 다음 날 다시 방문해서 이야기를 나눴다. 아시아의 여느 국가와는 다른 인도만의 고유의 느낌을 살리는 것을 추천하여 의견을 모았고, 더 이상의 변경은 없을 것이라는 찰떡 같은 약속도 받아냈다.

며칠 뒤 보내준 시안에 만족한다면서 비슷한 콘셉트로 전체적인 브랜딩과 광고 소재를 완성해갈 즈음 사장님으로부터 또 전화가 왔다. 인도 전문 여행사 말고 인도+동남아 전문 여행사로 인식되도록 다른 국가들에 대한 내용도 같이 넣어달라는 제안이었다.

그사이 빠른 진행을 원하는 광고 의뢰가 들어와 작업 시간이 그 전보다는 조금 더 소요될 수밖에 없었고, 광고의 시작도 그만큼 늦어졌다. 인도는 매우 덥기 때문에 11월부터 3월까지가 무덥지 않고 여행하기에 적합한 성수기이다. 그러나 소재를 새로 제작하고 시안을 보내고 컨펌을 받고, 수정을 반복하느라 제대로 된 광고는 시작도 하지 못한 채 1년 중 단 4개월밖에 없는 인도 여행의 성수기인 건기를 한 달 넘게 고스란히 흘려보내야 했다.

앞서 말한 것과 같이 명확한 니즈를 전달해야 완성도 높은 결과물을 만들어낼 수 있다. 그러나 한 번에 너무 많은 것을 담으려 한다거나 너무 생각을 많이 하다 보면 본래의 의미가 퇴색될 수 있다. 달리기 전에 신발 끈의 리본을 위로 묶을지 아래로 묶을지 고민하다가 출발 신호를 듣지 못하고 뒤처지는 것보다는, 일단 뛰다가 끈이 풀리면 다시 묶어도 되지 않을까? 광고대행사에서 추천하는 의견을 모두 받아들일 필요는 없지만, 갈팡질팡할 시간에 일단 출발하는 것이 중요하다.

광고비용은 줄이고
효율은 높이는 네 가지 방법

알고 하는 것과 모르고 하는 것의 차이

누군가를 사랑한다는 것은 그 사람을 계속 보고 싶고, 같이 있고 싶어 하는 것을 넘어서 그에 대해 많은 것을 알고 싶어 하는 것이 아닐까 싶다. 그가 좋아하는 것은 무엇이며 싫어하는 것은 무엇인지, 어떻게 해야 날 더 바라봐주고 더 많이 좋아해줄지 생각하게 되고, 상대방을 위해 실천하는 것이 사랑에서 나오는 행동일 것이다. 그리고 그렇게 상대에 대해 더 잘 알아야 그가 좋아하는 것은 해주고, 싫어하거나 건드리지 않았으면 하는 부분은 모른 척하기도 하면서 더 깊게 서로를 사랑하고 아끼게 되는 것 같다.

어떤 브랜드나 상품에 대해 마케팅을 하는 것도 사랑하는 것과 비슷하다는 생각을 한 적이 있다. 이 제품의 장점은 무엇이며 단점은 무엇인지, 어떤 부분을 어떤 식으로 어필해야 고객들이 관심을 갖고 바라봐줄 것인지 지속적으로 고민하고, 쳐다보고, 사용해 보며 하루종일 그 제품에 대해 생각해야 하기 때문이다.

그러나 이러한 노력들에 대한 광고회사의 입장은 수주받은 마케팅의 스케일이나 금액에 따라 다르다. 견적이 높은 광고를 진행할 때는 그만큼 더 생각하고 고민하며 광고주의 마음에 들기 위해 노력을 기울이지만, 비용이 크지 않은 광고를 진행할 때는 그만큼 고민과 노력의 크기도 줄어들게 된다. 일반적으로 자영업을 운영하는 광고주분들은 냉정히 말하면 전자보다는 후자에 속한다. 이들은 몇천만 원을 사용하는 기업이나 브랜드 광고주와 다르게 적게는 십만 원에서 많아도 몇십, 몇백만 원 수준의 광고비를 지불하는데, 적은 비용이 아님에도 금액에 따라 뒷전으로 밀릴 때가 있다. 억울하다고 생각할 수도 있지만 어쩌다 한 번 오는 손님보다는 단골 손님에게 서비스를 더 챙겨주게 되는 이치와도 같아서, 본인이 챙김받기를 원한다면 챙겨주게 만들어야 한다.

그러기 위해서는 비단 금액을 많이 쓰는 것이 능사가 아니라, 적은 비용으로도 효율을 볼 수 있도록 먼저 나에 대해 속속들이 알려줘야 한다. 고객이 알레르기가 있는 음식이 있다면 피해달라고 먼저 요청하듯이, 내 제품이나 우리 가게에 대해 자신 있는 부분을 알리고, 언급을 피해줬으면 하는 부분은 정확히 전달하며 특장점을 강조하며 어필하면 더욱 효과를 볼 수 있다. 가령 다소 TMI(Too Much Information, 너무 많은 정보)로 여겨질 수 있더라도 "우리 가게의 밑반찬 중 어머니께서 집에서 손수 만드신 장아찌는 아침에 나올 때마다 가지고 나온다"와 같이 나의 주거환경과 가족관계까지 오픈하는 정보들은 콘텐츠의 소재가 될 수 있으므로 불편하지 않은 한도 내에서 최대한 오픈하는 것이 좋다. 효과를 보고 싶다면 최대한 많은 정보를 제공하라.

구체적으로 요구하기

말을 배우기 시작하는 아이들이 가장 많이 사용하는 말 중 하나는 "이거"와 "저거"이다. 사물의 명칭을 아직 잘 모르고, 구체적으로 자기 의사를 표현하는 방법을 배우지 않았기 때문에 자기가 원하는 것을 요구할 때 "이거 해줘" 또는 "저거 줘"라고 단순 지칭하여 말한다. 그런데 아이가 말하는 "이거"와 "저거"가 명확히 눈에 보이는 것이면 재빨리 눈치채고 해주겠지만 가리키는 손끝에 수없이 많은 것들이 있다면 뭘 달라고 하는지 도통 알기가 어렵다. 그럴 때 어른들은 그 근처에 있는 물건들을 하나하나 짚으며 "물 달라고 하는 거야?", "음료수 줄까?", "컵을 달라고 하는 거니?"라며 구체적으로 물어본다. 이렇게 원하는 것을 요구할 때 가끔 어린아이처럼 요구하는 사람들이 있는데, 광고대행을 맡기기로 했다면 이런 포괄적인 요구는 독이 될 수 있다.

"그냥 알아서 잘 해줘"라는 말은 '너를 믿고 있으니 마음껏 재량을 발휘해봐'라고 해석할 수도 있지만 '나는 더 이상 신경 쓰지 않을 테니 편할 대로 해'라고 해석될 수도 있다. 나의 제품에 대해 많은 것들을 알려줬다면 그것들이 어떻게 담기길 원하는지에 대해서도 충분히 의견을 주어야 한다.

아무리 경력직을 뽑아도 그 직원에게 우리 회사는 처음이기 때문에 무엇을 어떻게 해야 하는지 상급자의 조언이 필요하다. 마찬가지로 잘 짜인 마케팅 플랜이 있다 해도 내가 요구하는 바에 대해 구체적으로 이야기해야 만족스러운 결과물을 얻을 수 있다. 일이란 잘 시켜야 잘할 수 있다는 것을 잊지 말자.

아무리 바빠도 꼭 챙기자

이렇게 시작 단계에서 꼼꼼히 챙기고 신경 쓴다면 결과물의 만족도는 확실히 높아진다. 그런데 마케팅이란 살아 있는 생물과도 같아서, 처음에는 효과가 있다가도 갑자기 시들어버릴 수도 있고, 호평이 있다가도 어느 한 꼭지가 틀어지면 혹평으로 바뀌기도 한다. 그렇기에 시작한 뒤에도 꼼꼼하게 신경 써야 한다.

물론 마케팅의 집행과 실행에 대한 부분은 광고회사에서 주시하며 진행해야 하는 부분이고, 온라인을 통해 확인할 수 있는 반응들은 광고회사를 통해 보고받으며 체크하면 된다. 그러나 매출로 이어지는 직접적인 효율과 오프라인에서 마주하는 고객의 반응은 고객을 직접 접하는 사업장에서 더 민감하게 확인할 수 있기에, 꼼꼼히 피드백을 주어야 한다.

대부분의 광고주들은 효과가 좋을 때는 연락이 없고 효과가 떨어질 때만 연락을 하는데, 연락이 없으면 "매출이 잘 나고 있구나" 하고 생각하여 관심의 테두리에서 벗어날 수밖에 없다. 또 어떤 광고주들은 광고를 통해 어느 정도 매출이 상승했는지 이야기하는 것을 꺼리기도 한다. 광고를 지속적으로 유지한다는 것은 효과를 보고 있다는 것인데, 유지는 하면서 얼마나 상승했는지는 일급비밀처럼 이야기하지 않는다. 하지만 매출이 어떤 시간대에 얼마나 상승했는지 등은 공유하는 것이 좋다. 구체적인 금액을 말하기가 부담스럽다면 새로운 콘텐츠가 올라가고 지난주에 비해 이번 주는 어땠는지, 매출의 차이는 어떻게 달라졌는지 정도라도 이야기해야 방향성을 더 확실하게 잡을 수 있다. 광고 후 손님이 늘었다면 어떤 연령대의 손님이 늘었는지, 어떤 메뉴가 많이 팔렸는지 등 피부로 느끼는 부분을 광고회사에 제대로 전달해야만 광고회사의 입장에서도 광고의 효율을 측정할 수 있고, 타깃이나 방향성을 정비할 수 있다.

광고 효과를 보았다면 멈추지 말고 지속적으로 피드백을 주며 효과를 더 극대화시켜야 한다.

계약기간은 최대한 짧게

대부분의 광고회사는 거래처와 계약 시 최소 3개월에서 6개월 단위로 계약을 한다. 어떤 광고가 효과가 있는지 찾아가는 시기가 필요하기도 하고, 어느 정도 가시적인 효과를 보려면 한 달이라는 기간은 너무 짧기 때문이다. 그러나 체험단 마케팅 같은 경우는 연 단위로 계약하기도 한다. 사장님 입장에서는 1년을 계약하는 것이 훨씬 할인율이 높기 때문에 그것이 이득이라 생각하고 덜컥 계약을 해버리는 경우가 있는데, 이러한 연 단위 계약은 피하는 것이 좋다.

체험단 마케팅을 연 단위로 판매하는 데에는 두 가지 이유가 있다. 한 가지는 체험단 마케팅의 특성상 매월 비슷한 프로세스를 반복하기 때문에 한 달에 한 번씩 광고주와 계약 연장에 관해 이야기하는 과정을 최소화할 수 있기 때문이고, 나머지 하나는 비용적인 이유이다. 체험단 마케팅 회사들은 영업사원을 통해 광고주를 모집한다. 직접 발로 뛰는 영업사원도 있고, 전화를 통해 영업을 하는 TM직원을 활용하기도 하는데, 한 달에 몇십만 원의 금액으로 체험단을 운영하고 영업사원에게 수수료까지 준다면 회사는 마진율이 낮을뿐더러 적은 수수료를 받으며 영업할 사람도 찾기 어렵다. 반면 연간 계약을 통해 백 단위로 비용을 올리면 한 건만 계약해도 영업사원에게 어느 정도의 수수료를 줄 수 있고, 회사도 마진을 챙길 수 있다.

그런데 이렇게 연간 단위로 계약했다가 낭패를 본 사장님들이 적지 않다. 초반에는 신경을 써주는 듯하다가 갈수록 방문하는 체험단 인원이 적어지거나, 체험단의 블로그나 인스타그램의 질이 낮아지기도 하고, 담당했던 영업사원이 퇴사한 뒤로 소통이 아예 안 된다는 이야기도 많았다. 또한 계약을 해지하고 싶어도 위약금이 너무 커 해지를 할 수 없다며 답답함을 호소하기도 한다. 포털 사이트에 '체험단 사기'라고 검색만 해봐도 피해사례를 많이 찾아 볼 수 있다.

계약의 연장 여부를 확인해야 하는 긴장되는 시간이 사라진다면 광고회사의 입장에서는 관심을 적게 둘 수밖에 없다. 지속적으로 광고의 효과를 보며 꾸준히 광고회사가 신경써주길 바란다면 체험단뿐 아니라 어떤 마케팅이라도 연간 단위의 계약은 피하는 것이 좋다.

Go할 것인가? Stop할 것인가?

광고하고자 하는 제품이나 상품, 회사에 대해 많은 정보를 알려주고, 어떤 식으로 광고를 진행할지 구체적으로 요구한 뒤 중간중간 효율에 대한 피드백을 주고받는다면, 똑같이 광고대행을 맡겼다 하더라도 다른 사람보다 더 높은 효율을 볼 수 있을 것이다.

그러나 여기서 끝이 아니다. 앞서 말했듯이 최소 3개월의 단위로 재계약을 진행한다면 이때 광고를 지속할지 중단할지 현명한 판단이 필요하다. 그 판단을 도와주는 것이 보고서이다.

광고회사는 기간 내에 광고 진행이 완료되면 광고주에게 반드시 보고서를 주게 되어 있다. 소상공인을 대상으로 광고를 진행하는 회사들은 그 부분을 생략하는 경우도 있는데, 그럴 때는 직접 보고서를 요구해야 한다. 금액을 주고 일을 맡겼다면 어떻게 일을 했는지 확인하는 것이 당연한 이치 아닌가?

보고서는 대부분 PPTX 파일이나 EXCEL 같은 컴퓨터 프로그램으로 전달되는데, 보고서를 보지 않고 그냥 넘기거나 보고서에 관심을 가지지 않는 사장님들도 있다. 처음에는 온갖 신경을 쓰며 계약을 하고, 광고를 진행하기 위해 비용을 지불하면서, 보고서에 관심을 갖지 않는 이유는 뭘까? 궁금해서 사장님들께 여쭤본 적이 있다. 바빠서 확인을 못했다는 대답도 있었지만, 대부분은 컴퓨터 프로그램 파일이라 볼 수가 없었다는 것이었다.

프로그램 파일을 컴퓨터로 볼 수 없다면 두 가지 방법이 있다. 한 가지는 휴대폰을 통해 보는 것으로, 요즘 스마트폰에는 컴퓨터 파일을 볼 수 있는 애플리케이션이 많이 있기 때문에 플레이스토어나 앱스토어에서 문서 뷰어를 검색하여 '폴라리스 오피스 뷰어'나 '한컴오피스 Viewer', '모든 문서 리더' 같은 앱을 다운받고, 그것을 통해 확인할 수 있다.

다른 한 가지는 광고회사에 보고서를 이미지로 보내달라고 요구하는 것이다. 그들이 조금 번거로워할 수는 있지만 휴대폰으로 문서를 볼 수 없으니 보고서를 이미지로 캡처해서 보내달라고 부탁하면 기꺼이 들어줄 것이다.

우리가 광고회사에 광고를 의뢰할 때는 그들이 합당하다고 생각하는 비용을 충분히 지불한다. 그렇다면 그 비용이 헛되이 쓰이지 않고 최대의 효과로 돌아올 수 있도록 우리도 신경을 쓰는 것이 마땅하다. 나의 매장, 나의 상품에 대한 광고가 아닌가?

광고회사에 마냥 의지하고 맡기기보다는 효과를 극대화시킬 수
있도록 신경을 놓지 않아야 한다.

신중하게 다가가야
친해질 수 있다

계정 세팅이 중요한 이유

썸을 타는 사람과의 첫 데이트를 앞두면 설레고 긴장되기 마련이
다. 평소에는 잘 되던 화장과 머리도 좀처럼 마음에 들게 되지 않
고, 이 옷 저 옷 입어보며 고른 의상도 안 어울리는 것 같다. 준비
시간을 넉넉하게 잡았다고 생각했는데, 약속 시간이 촉박하게 느
껴지기도 한다. 급한 마음에 입은 옷의 첫 단추를 잘못 끼우기라도
하면 다 풀고 다시 끼워야 한다.

사업도 마찬가지다. 특히나 첫 창업을 앞둔 사장님이라면 설레
고 긴장되는 것은 물론이고 창업 예정일이 다가올수록 인테리어부
터 판매상품, 마케팅까지, 그동안 준비해둔 것들이 부족하게 느껴
질 것이다. 하지만 시간은 되돌릴 수 없고 이미 오픈했다면 부족한
부분은 매장을 운영하며 천천히 추가하거나 바꿔나가면 된다.

음식이든 물건이든 손님의 피드백을 받으며 보완하면 더 나아질 수 있다. 그러나 마케팅은 첫 세팅을 제대로 하지 않으면 모든 걸 처음부터 다시 시작해야 하는 낭패를 볼 수도 있다. 매장을 운영하면서 바쁜 시간을 쪼개고 짬을 내어 꾸준히 쏟아부은 노력이 물거품이 되고, 백지부터 다시 시작해야 할 수도 있다는 의미이다.

열심히 해온 모든 것들을 어쩔 수 없이 버리고 처음부터 다시 시작해야 한다면, 처음 같은 마음으로 신나게 열심히 할 수 있는 사람은 드물 것이다. 디자이너들을 비롯해 나처럼 글을 쓰거나 컴퓨터 작업을 하는 사람들이 습관적으로 저장 버튼을 누르는 것도 그 때문이다.

어떤 일이든 처음과 같은 열정을 쏟아내기는 쉽지 않다. 더욱이 사업을 하면서 본인 스스로 직접 마케팅을 실행하기 위해 밤잠을 줄여가며 노력했던 사장님이라면, 잘못된 방향으로 진행했던 마케팅을 처음부터 다시 해야 하는 상황에서 망연자실할 수밖에 없다. 그렇게 계정이나 콘셉트 세팅을 실패한 뒤에 직접 하는 것을 포기하고 광고대행사를 찾게 된 사장님들도 많다. 광고회사에 위탁한다면 당연히 전문성은 더 높겠지만 수주를 받고 업무를 해주는 회사가 본인의 가게처럼 애정을 쏟아 진행할 수 있을까?

100%의 신뢰는 위험하다

앞에서도 많이 언급된 체험단 마케팅의 절차는 광고대행사에서 블로거들을 섭외한 뒤 리스트를 사장님께 보내고, 블로거들이 기한 내에 포스팅을 쓰는 것을 확인해야 하므로 블로거 방문 뒤 사장님께 방문했다는 확인 연락을 받는다. 그 후에는 작성된 포스팅을 전달해야 하므로 한 사이클이 돌 때 최소 3번 이상은 사장님과 연락하게 된다. 그럴 때 이래저래 바쁜 사장님은 자신이 직접 소통하지 않고 매장에 상주하는 매니저나 담당 실장에게 소통을 맡기는 경우가 많다.

프랜차이즈 커피숍 마케팅을 할 때였다. 전국적으로 지점을 가진 업체였는데, 우리는 본사와 계약을 맺고 할인된 금액으로 체험단 마케팅을 진행했다. 그런데 잘 진행하던 부산 지점에서 어느 날부터인가 담당자와 연락이 되지 않았다. 블로거들도 담당자와 연락이 되지 않아 방문하지 못했다고 했고, 담당자에게 여러 차례 카톡을 했는데도 아무런 답변이 없었으며 전화는 받지도 않았다.

한참 뒤에야 사장님을 통해, 마케팅을 담당하던 직원이 퇴사했다는 이야기를 듣게 되었다. 꼬여버린 체험단 스케줄은 어렵사리 복구했지만 문제는 그것만이 아니었다. 사장님이 한숨 섞인 목소리로 하소연한 내용은 이랬다.

그 업체는 우리 외에도 다른 광고대행사와 계약하고 여러 가지 마케팅을 진행하고 있었는데, 담당했던 직원이 젊고 똑똑해서 다른 직원보다 더 많은 급여를 주며 대행사와의 소통을 맡겼다고 한다. 그런데 그게 문제였다. 네이버에 등록된 매장정보도 그 담당 직원의 연락처로 되어 있었고, 관리를 맡긴 브랜드 블로그와 인스타그램의 계정도 그 직원의 명의와 휴대전화 번호로 가입되어 있었던 것이다.

사장님은 광고대행사와 미팅 및 계약을 한 후 한 달에 몇백만 원씩 주며 브랜드 블로그와 인스타그램 운영 관리를 진행했다고 했다. 다행히도 네이버에 등록한 매장정보는 ARS를 통해 관리자 권한을 변경할 수 있어, 비교적 간단히 해결되었다. 그러나 블로그와 SNS는 다르다. 이를 간파하지 못하고 모든 것을 맡겼기에 그간의 마케팅이 모두 물거품이 될 수밖에 없었다.

밑 빠진 독에 물 붓기

부산 커피숍 사장님의 사례뿐 아니라 이런 부분을 잘 모르고 시작하는 기업들도 마케팅 담당 직원에게 모든 것을 맡기는 경우가 많은데, 직원 개인의 이메일 계정으로 가입하여 블로그를 개설했고 퇴사한 직원이 연락도 안 된다면 계정을 찾기 어렵다. 직원과 연락되었다 하더라도 본인이 그 계정을 단체 아이디로 변경해 주지 않으면 개인 계정을 다른 사람 명의로 변경하는 것은 불가능하다.

블로그는 장기간 꾸준히, 새롭게 제작하는 콘텐츠를 업로드하여 최적화를 만드는 알고리즘을 갖고 있다. 온라인상에 한번 노출된 콘텐츠를 블로그에 똑같이 업로드하는 것은 블로그에 나쁜 영향을 미치며, 단기간 폭탄처럼 많은 콘텐츠를 올리는 것 역시 좋지 않다. 관리하며 쌓아온 블로그의 품질과 방문유입 수, 이웃 수와 동일한 블로그를 만들기 위해서는 그만큼의 시간과 정성을 쏟아야만 하는 것이다.

인스타그램은 이메일과 전화번호를 기반으로 가입을 하므로 빠르게 계정에 들어가서 정보들을 변경한다면 이전의 내용을 찾을 수 있기에 이 내용을 알려주었으나 이미 비밀번호가 변경된 뒤였다. 이메일 주소와 휴대전화 인증을 사장님의 본인 것으로 해놓지 않은 채 비밀번호가 변경되면 쌓아온 콘텐츠와 팔로워, 댓글을 다시 찾을 수 없다. 고객센터에 연락한다 해도 불가능하다.

매장 개점 후 매주 매장에 대한 정보와 다양한 콘텐츠들을 올리며 광고대행사에 쏟아낸 몇천만 원의 금액이 밑 빠진 독에 물 붓기가 되어버릴 상황에 놓인 부산 지점 사장님은 노심초사할 수밖에 없었다. 이미 찾을 수도 없게 되어버렸지만, 직원이 그 계정을 탈퇴하거나 없애면 지금까지 업데이트한 내용과 지출한 광고비가 정말 먼지처럼 사라져버리게 된 것이다.

어떤 사유로 믿었던 직원이 무단결근에 갑작스러운 퇴사 통보를 하게 되었는지는 알 수 없었지만, 마케팅을 시작하는 사장님들께 계정 가입을 비롯한 첫 세팅은 정말 중요하다고 당부하고 싶다. 아무리 평생 함께할 직원이나 가족이라 하더라도 마케팅에 사용할 계정은 사장님 본인의 전화번호와 이메일로 가입하여 활용하기 바란다.

첫 단추를 잘 끼우는
계정 세팅 노하우

계정은 일관되게

인터넷을 활용하면서 우리는 다양한 사이트에 가입한다. 그리고 기억하기 쉽도록 여러 사이트에서 사용하는 아이디나 비밀번호를 같은 것으로 설정하는 경우도 많다. 그런데 그렇게 하지 않는 사람들도 있다. 그때그때 기분에 따라 기분이 좋을 때는 happy0528, 기분이 우울할 때는 gloomy0528과 같이 적는 사람도 있고, 사이트에 가입한 연도에 따라 mina2019 혹은 mina2022로 한다거나, 가입하는 매체의 특성에 따라 게임 사이트라면 game_king, 쇼핑 사이트는 shopping_king 등, 손이 가는 대로 설정하기도 한다(앞의 아이디들은 모두 예시이다). 필자의 주변에도 그런 친구가 한 명 있는데, 매번 아이디나 비밀번호를 잊어서 그때마다 찾느라 시간을 허비하기도 하고, 새로 만들기도 한다.

사업을 한다면 계정의 아이디는 사업명으로 하는 것이 좋고, 이미 같은 아이디가 있다면 최대한 사업장을 연상시킬 수 있는 것으로 통일하는 것이 좋다. 앞서 말한 것처럼 계정관리를 쉽게 하기 위해서이기도 하지만, 고객에게 혼동을 주지 않고 추후 광고비를 아끼기 위해서이기도 하다.

요즘에는 계정이 연동되는 플랫폼들이 많기 때문에 계정을 중구난방으로 만들면 마케팅 영역을 넓히기에 번거로울 수 있고, 새로운 계정들을 만들어도 내가 보유한 팔로워들을 연동하지 못해 애써 쌓아놓은 노력의 결과를 충분히 활용하지 못할 수도 있다. 또한 만일 계정을 잃어버렸을 때에도 찾기 번거롭거나 찾지 못하게 될 수 있다.

콘셉트는 통일성 있게

마케팅에서 일관성이 중요한 것은 계정뿐만이 아니다. 특히나 처음 마케팅을 시작한다면 반드시 통일시켜야 하는 것 중 하나가 콘셉트이다. 콘셉트를 통일하지 않으면 쌓아놓은 공든 탑을 그 옆에 새로 쌓아야 하는 경우가 생길 수 있다.

한 화장품 업체의 마케팅을 진행할 때의 일이다. 그 업체는 수분크림 하나만 제조하여 판매하고 있는 신생업체였다. 방문판매를 주로 진행하고 있었는데, 반응이 좋아 온라인 마케팅을 해보자고 했고, 에센스도 출시를 앞두고 있다고 했다. 수분크림은 독특하게도 콩비지 같은 재질이었는데 샘플로 받아 써보니 발림성도 좋고 흡수력도 좋아, 마케팅을 잘만 하면 매출로 이어질 것 같아서 나 역시 설레는 마음이었다. 더군다나 다른 광고대행사와 3개월 정도 진행을 했는데 큰 효과를 보지 못했다며 아는 분께 소개를 받아 연락해왔기에 정말 잘하려는 마음이 컸다.

그 업체가 우리 회사에 의뢰한 광고는 브랜드 블로그 운영, 인스타그램 피드 광고, 카카오톡 플러스 관리, 이렇게 총 세 가지였다. 그런데 시작 단계부터 광고주와 마찰이 생겼다. 콘셉트 때문이었다.

이 업체는 내가 앞에서 강조했던 초기 세팅이 제대로 되어 있지 않았다. 브랜드 블로그 계정은 사장님 본인의 생년월일이 쓰여진 개인 계정으로, 인스타그램은 수분크림 제품명으로 만들어져 있어, 회사명은 어디에서도 찾아볼 수 없었다. 또 대표의 홈페이지는 수분크림 제품명으로 되어 있었지만 카카오플러스 친구 계정은 또 회사명으로 되어 있었다. 이 무슨 중구난방인가.

그때는 네이버에서 블로그 도메인 정책을 변경하기 전이었기 때문에, 브랜드 블로그 주소는 충분히 원하는 URL 주소로 도메인을 따서 연결할 수 있었다(2021년 1월부터 보안상 이슈로 인해 도메인 정책이 바뀌어 'blog.naver.com/본인 아이디'로만 가능하게 변경되었다). 그래서 브랜드 블로그 주소를 포함한 모든 계정의 주소를 회사명으로 통일하기를 추천했다. 이전에 진행했던 광고는 큰 반응이 없었고, 시간이 많이 지나지 않았으니 지금이라도 모든 계정을 회사명으로 통일하는 것이 좋다고 의견을 드렸다. 그러나 광고주는 계정 주소를 변경하지 않으려 했고, 콘셉트 역시 회사명은 없어도 관계없으니 수분크림만 홍보해달라는 것이었다.

공든 탑을 무너뜨리는 콘셉트 설정

그럼에도 타깃을 잘 설정한 덕분인지 피드 광고를 통한 홈페이지 유입이 늘기 시작했고, 매출도 조금씩 올라갔다. 키워드 검색광고 통계에서도 제품명 검색이 조금씩 늘어나고 있었다. 그러나 문제는 에센스가 출시된 후에 나타났다. 에센스 출시 후에 공장 사정에 의해 당분간 수분크림 생산을 중단하게 된 것이다. 그렇기에 다시 에센스에만 초점을 맞춰야 했고, 대표 홈페이지는 회사명으로 도메인을 다시 따야 했으며, 브랜드 블로그는 콘셉트부터 디자인까지 모두 변경해야 했다. 인스타그램 계정의 아이디도 바꾸어야 했다. 그러나 수분크림과 에센스의 제품명이 판이하게 달랐고 회사명은 고객들에게 충분히 인지되지 않은 상태였기 때문에 에센스와 수분크림이 별개의 업체에서 만든 것처럼 보였고, 결국 처음부터 새롭게 광고를 해야만 했다.

만약 내 의견대로 수분크림에만 포커스를 맞출 것이 아니라 회사명을 함께 노출했다면 회사의 브랜드 가치도 올라갔을 것이고, 에센스가 출시된 뒤 모든 채널을 다시 세팅하는 수고와 시간 낭비도 필요 없었을 것이다. 1차 제품인 수분크림의 인기에 편승하여 에센스 매출도 함께 상승했을 것이고, 처음보다 적은 금액으로 광고비를 지출할 수 있지 않았을까? 지금 생각해도 참 속상했던 사례이다.

광고대행사에서 추천하는 의견이 모두 정답일 수는 없다. 그러나 계정 세팅과 브랜드 콘셉트의 방향은 다수의 광고를 진행했던 전문가의 조언을 참고하는 것이 좋다.

5장

네이버로 바로 매출
1,000% 상승 노하우

실전 시작! 스마트 플레이스
신규 등록하기

네이버 스마트 플레이스

계정 세팅의 중요성과 주의점에 대해서 충분히 인지했다면, 이제 본격적으로 온라인에 매장을 오픈할 준비를 해보자.

요즘에는 네이버 포털사이트에 매장을 등록하는 것이 사업자등록증을 내기 위해 세무서를 방문하는 것만큼이나 당연한 일이 되었다. 어딘가에 가고 싶을 때, 무언가를 사고 싶을 때, 길을 모를 때조차 사람들은 습관처럼 네이버에서 검색한다.

네이버에 매장을 등록하는 것은 온라인 광고의 기본이라고 할 수 있다. 그렇기 때문에 네이버 플레이스 등록에 대해서 검색하면 많은 광고대행사들이 '검색광고＋플레이스 등록' 또는 '체험단 마케팅＋플레이스 등록' 등으로 패키지 상품을 만들어 비용을 받고 등록을 해주고 있다.

그러나 등록을 하는 데 비용을 지출할 필요는 없다. 자영업자들은 20대부터 70대 이상까지 다양하고, 네이버는 우리나라 대표 포털사이트답게 누구나 손쉽게 기본적인 등록을 할 수 있도록 시스템을 만들어놓았다.

또한 예약 서비스나 네이버페이 매장 결제, 네이버 주문 등도 무료로 신청할 수 있다. 현재는 수신전화에 대한 통계와 분석을 상세히 볼 수 있는 스마트콜 가입이 완료된 사업주 중 조건에 맞는 사업주를 대상으로 모바일 브랜드 검색광고도 최대 90일까지 무료로 제공하고 있다.

이번 장에서는 광고대행사를 통하지 않고 내 사업체를 직접 네이버에 등록하고 온라인에 간판을 달아보자.

온라인 상점 등록하기

네이버 포털사이트에 '네이버 스마트 플레이스'를 검색해서 홈페이지로 들어가보자.

왼쪽 첫 번째에 나와 있는 '업체 신규 등록'을 누르면 사업자등록증을 입력하는 페이지가 나온다. 예전에는 손으로 하나하나 입력해야 했지만 현재는 사업자등록증만 업로드하면 문자인식(OCR) 기술로 사업자등록증의 정보를 읽어, 내용이 자동으로 입력된다.

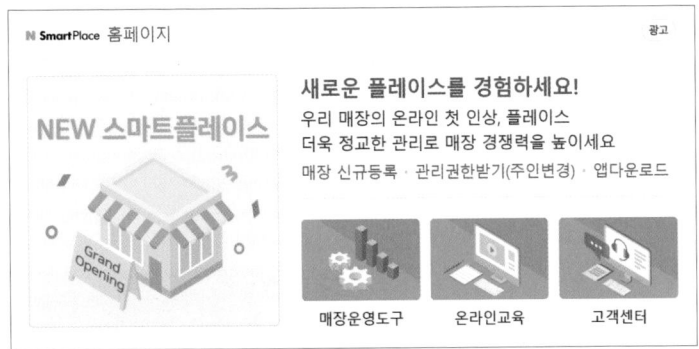

네이버에서 '스마트 플레이스'를 검색한다.

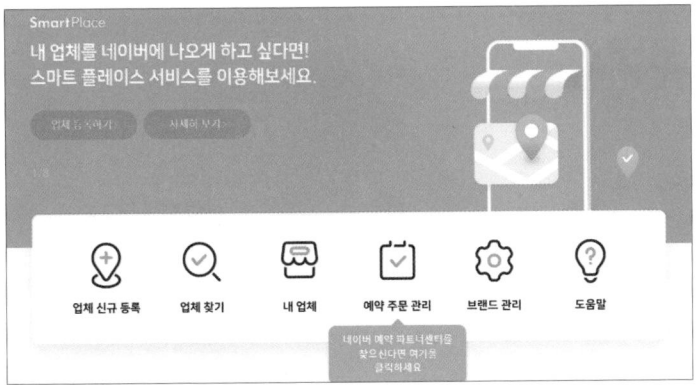

'업체 신규 등록'에서 등록이 가능하다.

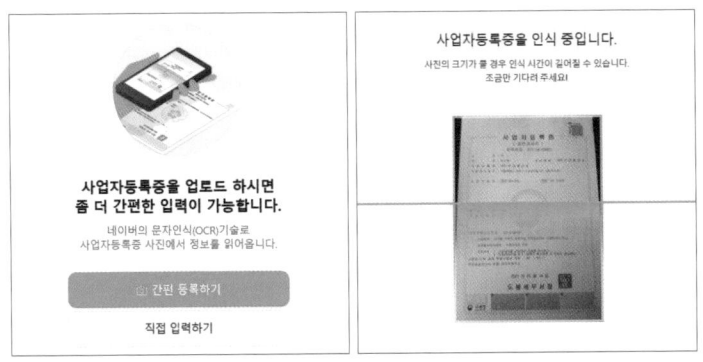

'간편 등록하기'를 통해 사업자등록증을 업로드하면 자동으로 인식하여 입력된다.

가끔 문자인식의 오류로 입력이 틀리게 되는 경우가 있으니, 처음부터 마지막까지 꼼꼼하게 확인한다. 그런 후 '조회하기' 버튼을 누르면 중복된 주소나 기존 등록 여부를 확인하고 '신규 등록하기' 버튼이 팝업된다. 이때 버튼을 눌러 진행하면 된다.

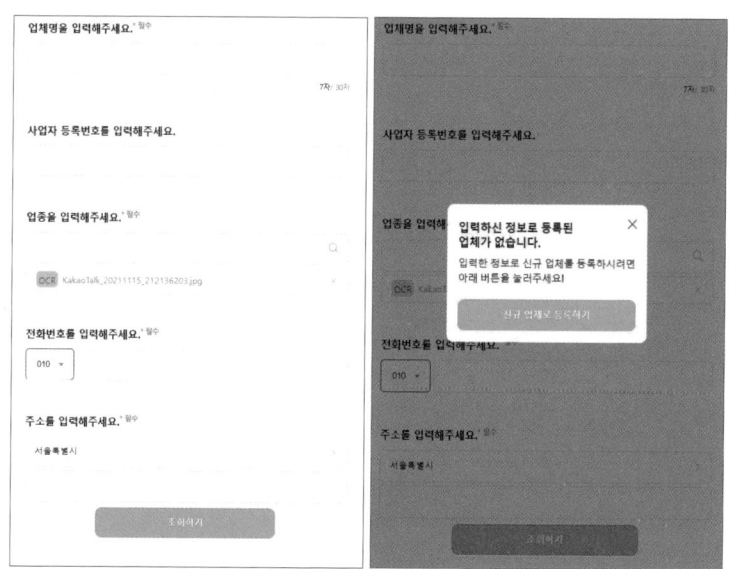

제대로 등록되었는지 확인 후 '신규 업체로 등록하기'를 눌러 진행한다.

발길을 이끄는 정보등록-1

'신규 업체로 등록하기' 버튼을 클릭하면 상세정보 입력페이지로 넘어간다.

상세정보는 기본정보, 메뉴정보, 부가정보, 휴무일, 영업시간 입력창이 차례로 노출되는데 이때 입력되는 정보가 네이버에서 내 매장을 검색했을 때 보이게 되는 정보이다.

매장을 검색해 보면 어떤 곳은 풍부한 사진과 함께 업체 설명, 영업시간, 주차정보 등이 자세하게 기재되어 있지만, 어떤 곳은 사진조차 제대로 없는 곳도 있다. 고객의 입장에서 자세하고 친절한 정보와 보기 좋은 사진이 가득한 매장정보, 아무것도 적혀 있지 않은 매장정보를 보고 어느 매장에 더 가고 싶겠는가? 당연히 전

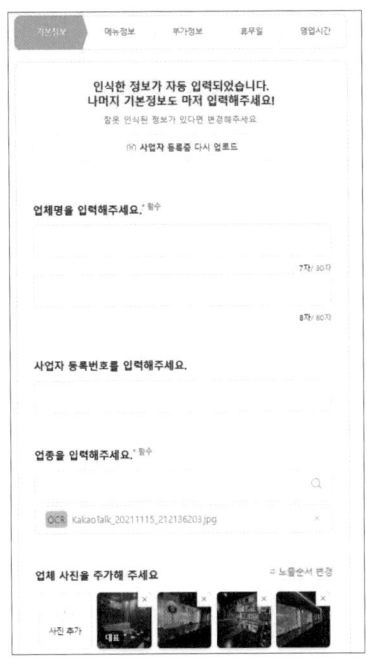

메뉴정보, 부가정보 등 상세내용을 입력한다.

자이다. 후자는 장사에 신경을 안 쓰는 것처럼 비칠 뿐 아니라 이미 폐업한 업체가 아닌가 생각할 수도 있다. 그렇기에 모든 정보는 충분히 생각하고 꼼꼼하고 정성스럽게 기입하도록 한다.

업체명과 업종은 사업자등록증의 정보를 입력하면 된다. 다음으로 업체 사진을 추가한다. 사진이 중요하다는 것은 누차 강조했다. 내부 사진, 외부 사진, 음식 사진 등을 최대한 정성을 담아 찍어 올리는 것이 좋다. 업체 사진, 방문자 사진, 음식, 내부, 외부, 메뉴판 등의 분류는 사진을 업로드하면 네이버에서 자동으로 분류하여 게시한다.

다음으로 매장에 대한 상세 설명은 매장의 업종이나 콘셉트에 맞추어 작성하면 된다. 어릴 때 글짓기를 하던 경험을 바탕으로 상상력을 발휘하여 최대한 구미가 당기게 작성해 보자. 다소 어려울 수도 있지만, 이미 등록된 수많은 업체의 다양한 소개글들을 참조하여 작성하면 된다.

상세 설명을 입력한 뒤에는 대표 키워드를 작성해야 하는데, 고객이 검색할 때 나의 매장이 함께 노출될 수 있도록 업체를 대표하는 메뉴나 서비스명, 상품명 등을 입력하면 된다. 대표 키워드는 최대 5개까지 등록할 수 있으며, 내 매장이 위치한 동네 이름과 함께 적는 것이 좋다. 만약 내 매장이 중식집인데 대표 키워드를 '짜장면'으로 적는다고 하자. 짜장면이라는 키워드는 이미 너무나 많은 사람들이 검색하고 또 글을 올리는 키워드이기 때문에 전혀 노출이 되지 않을 확률이 높다. 즉 '강남역짜장면', '천안불당동삼겹살' 등으로 키워드를 세분화하여 해당 동네를 함께 기입하거나, 고객이 잘 찾을 수 있는 근처의 랜드마크와 함께 적는 것이 좋다.

발길을 이끄는 정보등록-2

사업을 시작한 뒤에 영업시간이나 휴무일, 메뉴 등 정보가 변경될 수도 있다. 등록 후에는 수정을 하거나 추가 기입을 하는 것이 언제든 가능하므로 시기에 따라 변동사항이 있다면 빠르게 반영하는 것이 좋다. 또 현재 오프라인 가게가 없거나 개업을 준비 중이라면 일단은 집 주소로 등록해놓고 나중에 변경해도 무방하다.

코로나19 시기에 그러했듯이 여러 가지 이유로 인해 영업시간이 단축되는 경우에도 변동사항을 바로바로 적용해 고객이 헛걸음하거나 실망하여 다시 방문하지 않게 되는 일이 없도록 해야 한다. 위치, 영업시간, 메뉴 등 변동사항이 생길 때는 모든 사람이 열람할 수 있는 온라인 정보 변경을 가장 먼저 해야 한다는 것을 잊지 말길 바란다. 번거로움을 감수하더라도 신속하고 상세히 온라인 정보에 신경을 쓰면, 고객에게도 고스란히 전달되기 마련이다.

마지막으로 우리 업체 위치가 나와 있는 지도의 주소를 정확히 확인해야 한다. 매장이 찾아오기 어려운 위치에 있다면 하단에 있는 '찾아오는 길' 설명란에 주변의 큰 건물이나 오는 길에 대한 상세한 설명을 적어넣도록 한다.

모든 정보를 입력하면 문자를 통해 과정이 전송되며, 등록심사는 최대 5일가량 소요된다. 주말을 제외하면 특별한 문제가 없는 한 2~3일 이내에 등록된다. 등록 후에는 네이버에서 상호명을 검색했을 때 내 매장을 확인할 수 있다.

[Web발신]
　　　에 대한 등록 심사가 진행중입니다.
등록 신청에 대한 검토는 영업일기준 최대 5일이
소요됩니다.

네이버 스마트 플레이스를 이용해 주셔서 감사합니다.　MMS
　　　　　　　　　　　　　　　　　　　　　　　　　03:25

등록 후 문자를 통해 진행 사항이 전달된다.

네이버 스마트 플레이스
기능 완전 정복

새로 오픈했어요

스마트 플레이스는 네이버에서 내 사업장을 보여주는 네이버상의 내 매장과도 같다. 네이버라는 플랫폼 역시 이를 중요하게 생각하기 때문에 네이버에 등록된 수많은 업체들이 편리하게 고객관리를 할 수 있도록 스마트 플레이스 안에 다양한 기능을 지속적으로 추가하고 있다. 사업장의 특성에 따라 불필요하다면 적용하지 않아도 되지만, 마케팅 측면에서 많은 도움이 될 수 있으므로 가능하면 활용하는 것을 추천한다.

그러면 각 기능들을 알아보고, 내 사업장에 맞는 기능을 적용하여 활용해 보자.

스마트 플레이스 등록을 마치고 PC를 통해 사이트에 들어가면 왼쪽 하단에 '운영도구'라는 탭이 있다. 그 부분을 클릭하면 스마트 플레이스에서 유용한 비즈니스 도구들을 볼 수 있는데, 무료로 사용할 수 있는 기능도 있고 비용을 지출해야 하는 광고 상품들도 있다.

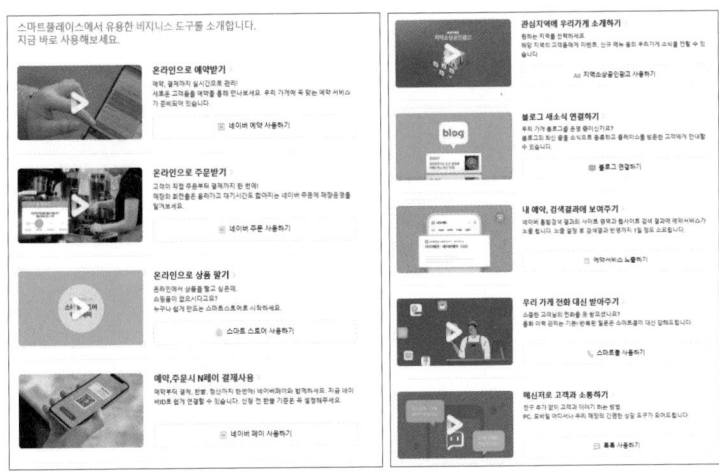

스마트 플레이스의 다양한 기능

처음 업체 등록을 할 때, 모든 업체 등록을 마치면 '새로 오픈했어요' 기능을 활용할 것인지 묻는 팝업 창이 나타난다. 만약 이때 선택하지 않았다면 스마트 플레이스 관리 페이지의 운영도구에서

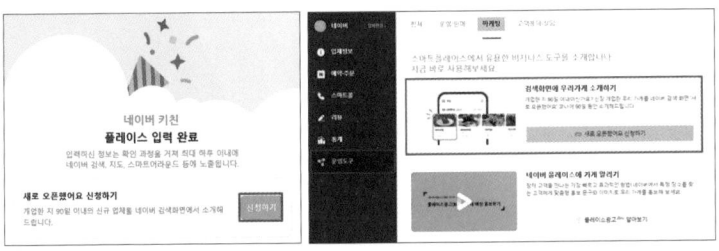

업체 등록을 마친 후 운영도구에서도 '새로 오픈했어요'를 신청할 수 있다.

'새로 오픈했어요' 신청 페이지

도 신청이 가능하다.

이 기능은 개업한 지 90일이 넘지 않은 신규 업체를 노출해 주는 기능으로 음식점, 미용실, 네일숍, 숙박업종에 한하여 서비스를 제공하고 있다. 단 숙박업소의 경우 게스트하우스, 펜션 등은 가능하나 모텔이나 호텔은 서비스되지 않는다. 또한 해당 지역에 최근 개업한 동종 업소가 많은 경우에는 각 검색어에 따라 랜덤으로 노출되는데, 사업자등록증상의 주소지에 따라 '지역+업종' 검색 시 네이버 플레이스의 하단에 바로 노출되니 활용하는 것을 적극 추천한다.

'새로 오픈했어요' 영역에 노출 신청이 완료되면 네이버 스마트 플레이스 검수 완료일로부터 최대 90일간 첫 페이지에 노출될 수 있다.

'새로 오픈했어요'에 노출되려면 다음과 같은 세 가지 필수 조건이 필요하다. 이 중 하나라도 누락되면 노출되지 않는다.

• 개업일의 90일 이내에 스마트 플레이스 신규 등록을 하는 업체

'새로 오픈했어요'에 노출되는 영역

- 개업일이 90일 이내로 표기된 사업자등록증 또는 사업자등록증명을 제출한 업체
- 가격정보(메뉴) 및 업체 사진을 최소 1건 이상 입력한 업체

네이버 예약 및 주문

이렇게 네이버 스마트 플레이스가 사업자 기반으로 개편되면서, 이전과는 달리 간편하게 예약을 설정하고 운영할 수 있도록 변경되었다.

네이버 스마트 플레이스는 특히 식당 업종에서는 바로 매출로 이어지는 중요한 매개체가 되는데, 앞서 말했듯 이 영역에 상위 노출되려면 네이버에서 제공하는 서비스들을 십분 활용하는 것이 좋다. 네이버는 이전부터 네이버가 제공하는 서비스를 활발히 활용하는 업체에게 보이지 않는 혜택을 주어왔다. 블로그도 초기에 인플루언서 영역이 등장했을 때 신청을 받았고, 그때 신청하여 인플루언서가 된 블로그들은 현재 별도의 영역을 상단에 만들어 더 잘 노출되도록 개편했다. 지금까지 많은 사업자들이 체험단이나 기자단 등을 통해 블로그 리뷰를 쌓기 위해 노력했는데, 이제는 네이버 예약자의 리뷰 수가 플레이스의 상단 노출에 지대한 영향을 끼치는 하나의 노하우로 자리 잡았다.

네이버는 늘 그래왔듯 노출에 대한 정확한 알고리즘을 공개하지는 않는다. 그러나 스마트 플레이스 개편 후 상위에 노출되는 업체들의 빅데이터를 분석해본 결과, 플레이스의 방문 횟수와 블로그 리뷰, 네이버 예약 및 주문, 리뷰, 스마트콜 등 운영관리 메뉴에 있는 서비스들을 최대한 활용하여 이 서비스를 사용하는 고객의 모수를 늘리고 활성화하여 데이터를 쌓는 것이 상위 노출로 가는 지름길로 판단된다. 또한 실제로 상위에 노출이 되는 사업체들은 이러한 툴들을 활발하게 활용하고 있다.

네이버 예약은 스마트 플레이스 페이지에서 할 수 있는데, 네이버 고객센터를 통해서도 제작 지원 요청이 가능하지만, 직접 설정해도 무방하다.

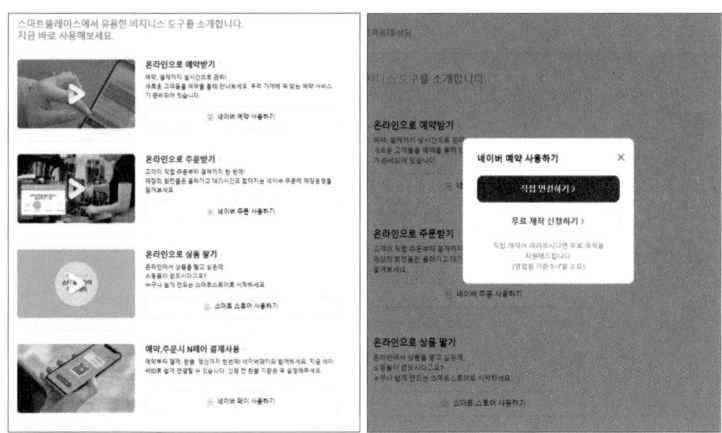

네이버 예약 사용하기

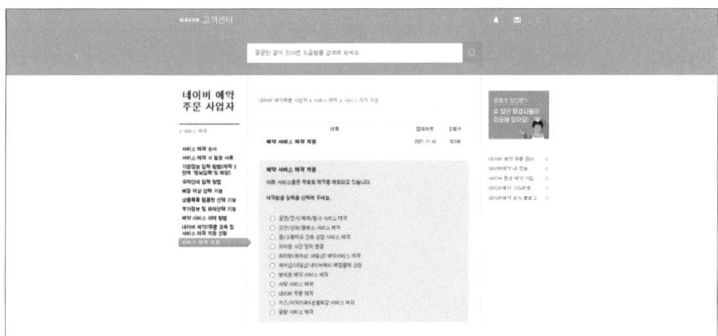

네이버 고객센터 화면

먼저 스마트 플레이스 화면에서 '온라인으로 예약받기' 항목에 있는 '네이버 예약 사용하기'를 클릭하면 위와 같은 화면이 나온다. '직접 연결하기'를 클릭하면 자연스럽게 네이버 예약 서비스에 가입할 수 있는 화면이 뜨게 된다.

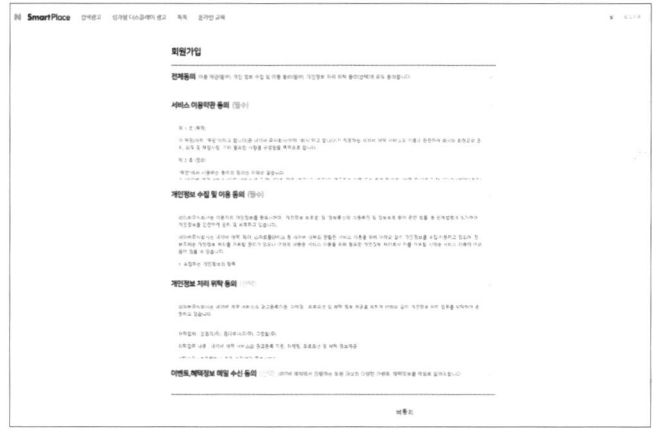

네이버 예약 서비스 가입화면

'동의'를 누르면 예약 서비스를 제공할 업체를 선택하는 화면이
나온다. 사업장이 여러 개라면 원하는 매장을 선택하고 진행하면
된다.

네이버 예약 서비스 가입화면

정보를 입력하면 네이버페이 가입화면으로 이동한다. 네이버페이 서비스에 가입하면 고객들이 네이버페이를 이용해 주문하고 결제할 수 있다.

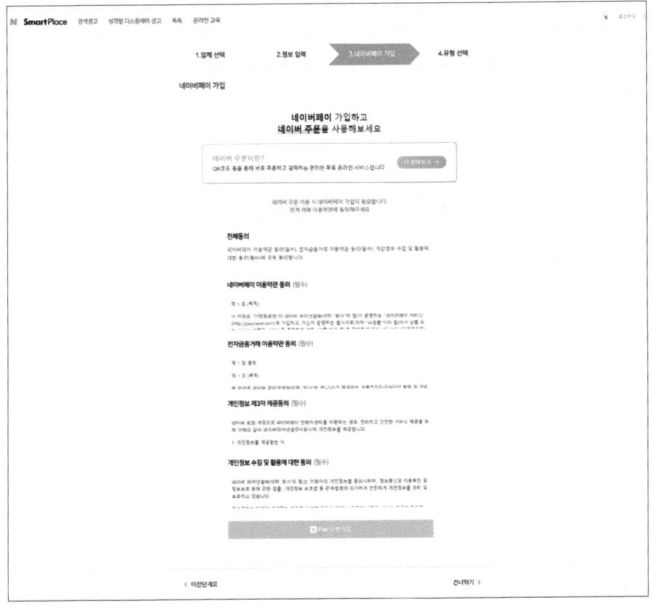

정보 확인 후 가입을 진행한다.

가입하면 고객들이 네이버 예약을 할 때 사용할 유형이 나온다. 유형별로 아래에 설명과 함께 추천하는 업종이 소개되어 있다. 내용을 확인하고 자신의 매장에 맞게 설정하면 된다.

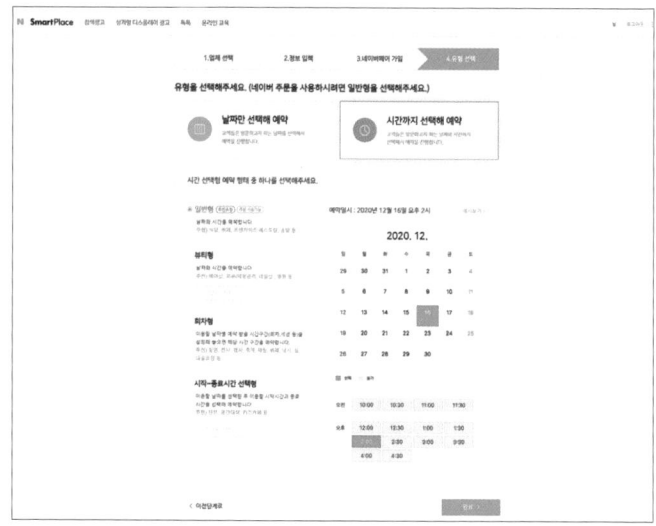

예약 유형을 선택하여 설정할 수 있다.

스마트 플레이스 페이지에서도 예약 신청이 가능하다. 왼쪽에 있는 탭에서 '예약·주문-예약'을 클릭하면 관련 페이지가 나온다.

스마트 플레이스 페이지에서 예약상품 등록하기

스마트콜

스마트콜은 네이버가 플레이스를 통해 사업체에 부여하는 무료 전화 서비스이다.

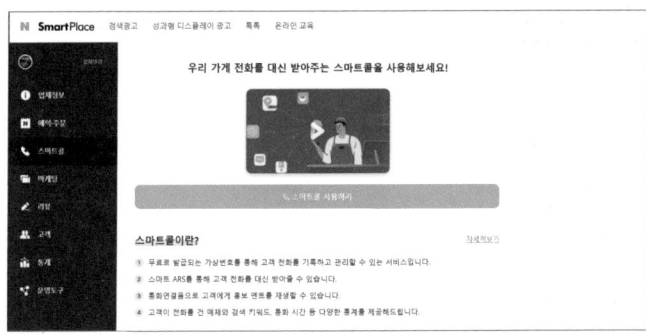

스마트콜 사용하기

개인 번호로 예약 및 주문 전화가 오는 경우 데이터를 확인하기 어렵지만 스마트콜을 이용하면 발신번호, 발신정보, 통화이력, 통화시간 등의 데이터가 남아 고객의 정보를 등록하고 관리할 수 있으므로 추후 마케팅에도 활용할 수 있다. 또한 직접 검색, 블로그, 카페, 외부 유입 등 어떤 매체를 통해 내 가게를 찾은 것인지, 어떤 키워드를 검색하여 유입되어 전화한 것인지 등도 확인할 수 있어, 네이버를 통한 유료 마케팅을 진행할 때 참고할 수 있다는 이점도 있다.

스마트콜에 가입하면 위와 같은 내용이 담겨 있는 통화분석, 통화상세, 스마트 ARS, 통화연결음, 번호관리의 총 5개 페이지가 생성된다.

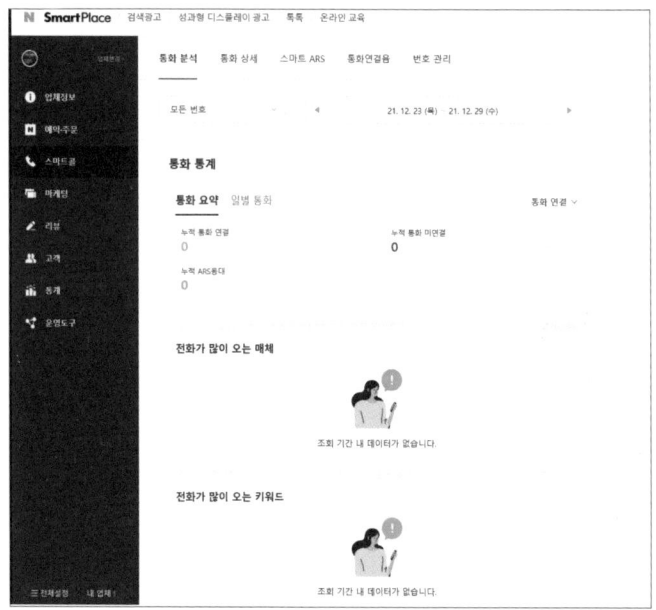

통화분석, 스마트ARS 등을 통해 체계적 관리가 가능하다.

이 중 스마트 ARS는 고객이 전화를 걸었을 때 연결 번호를 넣어 예약정보나 매장 위치, 주차 안내, 영업시간 등을 음성으로 자동 안내하여 번거로운 문의에 대신 응답해 주는 것이다.

통화연결음은 통신사의 통화연결음과 별도로 고객에게 우리 업체를 소개할 수 있는 음성안내 서비스이다. 통화가 연결되는 동안 이벤트나 업체 정보 등을 전달할 수 있으며, 타사의 통화연결음을 사용 중이라도 네이버 스마트 플레이스로 전화를 건 고객에게는 네이버 통화연결음으로 설정한 안내가 송출된다.

마지막으로 바빠서 전화를 받지 못할 때 다른 사람이 받을 수 있도록 2차 번호를 연결할 수 있다. 대표번호가 통화 중이거나 수십 초 이상 미수신될 때 2차 연결번호로 고객에게 자동 연결되기 때문에 고객의 전화를 놓치지 않고 받을 수 있다. 최대 5개까지 새로운 번호를 부여받을 수 있으므로 네이버 외에 다른 매체를 통해 광고를 하고, 그 광고를 통해 유입되는 전화를 알고 싶다면 콘텐츠들마다 각기 다른 번호를 넣어 유입되는 데이터로 광고 효율을 확인할 수도 있다.

별도로 온라인 마케팅을 하지 않는다 해도, 사업을 한다면 네이버에 등록하는 것이 필수 중 필수다. 특히 스마트 플레이스는 위치를 포함하여 내 매장에 대한 기본 정보를 고객에게 보여주는 것이므로 몇 번을 강조해도 부족할 만큼 중요한 영역이다. 고객이 네이버를 통해 검색했을 때 내 사업체의 정보가 보기 쉽게 노출될 수 있도록, 스마트 플레이스의 다양한 기능을 충분히 활용하여 업체 등록부터 해두자. 기타 다른 마케팅을 하는 것보다 더욱 큰 성과를 거두게 될 수도 있다. 따라서 기본적인 부분부터 신경 써서 다져놓기 바란다.

지속적으로
검색하고 관찰하라

스마트 플레이스에 상단 노출되고 싶어요

네이버 스마트 플레이스가 생긴 뒤 이 영역에 노출되는 순위에 따라 매출이 좌지우지되자, 스마트 플레이스 상단 노출을 전문적으로 작업하는 마케팅 회사들이 우후죽순 생겨났다. 네이버 알고리즘에 따라 노출하고자 하는 업체의 페이지에 트래픽을 발생시키고, 관련된 블로그 포스팅을 대량으로 발행하는 등의 작업으로 대표적인 검색어에 매장을 노출시키는 형식이었다.

그러나 이는 네이버에서 공식적으로 인정한 마케팅 수단이 아닌, 프로그램을 통한 부정 클릭으로 트래픽을 발생시키는 것이므로 언더마케팅(침투, 매크로 프로그램, 공격 등 다소 부정적인 방식의 마케팅)으로 분류되었다. 이렇게 작업하는 경우, 자칫하면 기껏 올려놓은 노출 순위가 한꺼번에 떨어지거나 아예 노출에서 빠지는 등 네이

스마트 플레이스 노출 영역

버 모니터링의 제재를 받는 리스크가 있었다. 그럼에도 스마트 플레이스의 상단 노출에 대한 많은 요구가 있었고, 경쟁이 심화되자 네이버는 알고리즘을 변경하여 스마트 플레이스 상단 노출에 대한 트래픽이나 작업을 방어하고, 정식으로 해당 상품을 출시했다.

네이버 검색창에서 경쟁이 치열한 지역을 '지역+맛집'으로 검색하면 최상단에 노출된 2개의 콘텐츠에 왼쪽에 조그맣게 '광고'라는 글귀가 붙어 있는 것을 볼 수 있다. 이것이 CPC(Cost Per Click, 클릭 수에 따라 과금되는 광고) 광고 형식으로 출시된 플레이스 광고이다.

하지만 처음 시작하는 단계에서 광고비를 지출하며 이 부분까지 직접 진행하기는 쉽지 않다. 또한 우리의 목적은 단순히 비용을 지출해서 광고를 하는 것이 아니라, 온라인 마케팅을 전체적으로 파악하고 최소의 비용으로 최대의 효과를 보는 마케팅을 스스로 진행하는 것이다. 광고비를 들여 효과를 볼 수 있는 마케팅은 조금 뒤로 미뤄두도록 하자.

지속적으로 검색하라

네이버는 스마트 플레이스의 언더마케팅을 방어하기 위해 부정적인 트래픽 발생이나 대량의 포스팅 등의 작업에 대해서는 걸러내고 있다. 따라서 현재 상단 노출에 영향을 끼치는 것은 다양한 IP에서 자연적으로 발생하는 트래픽과 고객이 직접 작성한 블로그 및 방문자 리뷰이다. 또 진실성 있는 리뷰는 가게의 신뢰도를 높여 잠재 고객에게도 긍정적인 영향을 끼친다. 따라서 현재 내 매장이 스마트 플레이스의 어느 위치에서 노출되고 있는지 확인하는 것도 중요하지만, 상단에 노출되기 위해서는 지속적으로 확인하며 보기 좋게 정보를 업데이트하고, 꾸준히 고객의 리뷰를 관리해야 한다.

네이버의 매장 정보는 작은 홈페이지와도 같다. 내 매장에 대한 기본정보와 설명 외에도 네이버가 거듭 개편하며 다양한 기능을 넣었기에, 활용할 수 있는 것들이 많다. 가게에서 진행하는 이벤트나 신메뉴 출시 등의 이슈가 있다면 따로 정보를 수정하는 것보다

'새소식' 기능을 활용하는 것이 좋다. 새소식 기능은 플레이스 센터 앱을 통해서도 쉽게 등록할 수 있고, 사진이나 동영상도 함께 등록할 수 있어 고객에게 매장정보를 빠르게 전달할 수 있다.

매장정보를 전달하고, 고객의 리뷰를 확인하기 위해서는 내 매장을 검색하여 어떻게 노출되고 있는지 확인하고, 새로운 고객의 리뷰가 올라와 있지는 않은지, 방문자 리뷰나 평가가 업데이트되었는지도 확인해야 한다. 이는 플레이스에만 국한된 것이 아니라 블로그, 카페, 지식iN 등을 포함하여 대표적인 포털사이트와 SNS를 포함하여 모두 마찬가지다. 그래야 만일 부정적인 콘텐츠가 업로드되었다 해도 확산되기 전에 빠르게 대처할 수 있다.

지속적으로 관찰하라

꾸준히 업체 정보를 관리하기 위해서는 앞서 말한 것과 같이 스마트 플레이스 전용 앱을 활용하는 것이 편리하다. 네이버 앱과는 별도의 앱으로, 플레이스토어나 앱스토어에서 '네이버 스마트 플레이스 센터'를 검색하면 다운로드할 수 있으며, 고객용이 아닌 사업자용 관리 앱이다. 앱을 통해 업체 정보, 스마트콜, 톡톡 등의 기능을 사용할 수 있고 네이버를 통해 예약, 주문한 고객의 정보도 한눈에 확인할 수 있다.

처음 앱을 실행하면 이벤트, 혜택 정보 수신 알림 팝업이 뜨는데 이것은 예약, 주문 알림이나 업체 관리를 위한 알림이 아니므로 번거로운 이벤트 알람을 받고 싶지 않다면 수신을 거부해도 된다.

　스마트 플레이스가 개편된 이후 블로그 리뷰가 연동되었고 배달의 민족이나 요기요 등과 같이 직접 매장을 이용한 고객들이 작성하는 '방문자 리뷰' 메뉴가 생겨 고객이 손쉽게 리뷰를 남길 수 있게 되었다. 이러한 리뷰들은 방문자 리뷰의 '이런 점이 좋았어요' 란에 취합되어 보여지고, 또 고객이 작성한 메뉴나 특징에 따라 분류해서 볼 수도 있다.

　고객이 배달앱을 통해 음식을 주문할 때 가장 먼저 보는 것은 리뷰다. 네이버도 블로그와 플레이스에 리뷰 페이지를 도입함으로써 고객이 가장 먼저 확인하는 사이트가 되었다. 또 우리가 배달앱을 통해 음식을 주문할 때는 다른 고객이 쓴 리뷰도 확인하지만, 고객의 리뷰에 붙은 사장님의 댓글을 보고 사장님이 고객을 대하는 마음가짐이나 매장을 운영하는 방식을 보기도 한다. 이 또한 고객의 선택 기준이 되기도 하므로, 방문자 리뷰에는 빠짐없이 댓글을 달아주는 것이 좋다.

　지금 우리는 하루에 30분씩 투자하여 많은 고객이 내 매장을 찾아오고, 만족스럽게 재방문할 수 있는 매장으로 만드는 중이다. 30분 중 적어도 10분은 네이버 검색을 통해 내 매장이 어디에 노출되고 있는지, 내 매장과 관련된 새로운 포스팅은 없는지 확인해보자. 또한 스마트 플레이스 센터 앱을 켜고 내 매장의 소식을 알리거나 고객이 남긴 리뷰를 확인하고 댓글을 다는 등 고객관리도 꼼꼼하게 하도록 하자.

광고회사의
파워링크 광고 기법

검색광고, 광고회사만 할 수 있다고?

네이버에 어떤 키워드를 검색하든 현재는 네이버 안에 많은 광고 상품이 있다는 것을 알 수 있다. 언더마케팅의 한 종류였던 연관 검색은 최하단으로 밀려났지만 네이버가 직접적으로 수익을 올릴 수 있는 네이버 쇼핑이나 플레이스뿐 아니라 순수한 블로그 콘텐츠 역시 View 탭(모바일에서 단어를 검색했을 때 블로그, 포스트, 카페 콘텐츠가 보이는 영역) 안에서 파워 콘텐츠라는 이름으로 유료 광고를 할 수 있게 되었다. 또 그 외에도 광고 영역이 있어, 예산만 충분하다면 다양하게 네이버에 노출할 수 있는 방법이 있다. 그러나 예전에는 네이버의 주 수익구조가 파워링크를 통한 것이었다. 그래서 온라인 광고대행사들의 파워링크 영업 경쟁이 치열했고, 과열된 영업 경쟁의 부작용을 고스란히 광고주가 떠안아야 했다.

광고회사들은 TM이나 방문 영업을 통해 소비자에게 원하는 키워드의 최상단에 올려주겠다며 영업했고, 월 10만 원 이하의 저렴한 금액에 홈페이지 작업이나 기타 마케팅도 함께 제공하겠다면서 패키지 상품으로 묶어 약정을 걸고 판매했다.

약정 기간은 1~5년까지 다양했기 때문에 소비자들은 최소 100만 원 이상의 금액을 지출했는데, 카드 할부는 가능했지만 약정상 취소는 불가능한 경우가 대부분이었다. 물론 약속된 광고를 진행해 주었다면 좋았겠지만 파워링크는 입찰 방식의 광고 상품이고 수익으로 연결될 만한 키워드는 높은 입찰가를 설정한 업체들이었기에, 광고회사들이 상단에 띄워주는 키워드는 사람들이 많이 검색하지 않는, 입찰가가 낮은 키워드들이었다.

그 시기에는 그렇게 한몫 챙기고 사라져버리는 사기성 짙은 광고회사들에게 피해를 입은 소상공인도 많았고, 이러한 피해 사례는 지금도 주기적으로 일어나고 있다. 그러므로 소상공인들은 파워링크 광고에 대해 혼자서 할 수 없는 광고, 또는 효과가 없거나 비싼 광고라는 인식을 가지고 있는 경우가 많다. 또 그렇기 때문에 상대적으로 쉽게 다가갈 수 있는 블로그나 SNS 광고를 선호하기도 하는데, 파워링크 광고도 조금만 공부하고 알아보면 큰 노력을 들이지 않고 직접 진행할 수 있다는 것을 알 수 있다.

돈을 돌려받는 파워링크 실행 방법

파워링크란 네이버에서 키워드 검색 시 가장 상단에 노출되는 광고로, 클릭 수에 따라 일정 금액이 빠져나가는 CPC 형식의 광고이다. 클릭당 비용은 키워드마다 다르며, 고객이 한 번 클릭해서 사이트에 들어갔을 때 적게는 70원에서부터 많게는 몇십만 원까지 과금된다. 입찰 방식으로 진행되기 때문에 내가 설정한 금액보다 높게 입찰한 금액이 없다면 내 광고가 상단에 노출되고, 한도로 설정한 금액을 모두 소진하면 자동으로 노출에서 사라지게 된다.

네이버에서는 광고회사들을 네이버 공식 대행사로 지정하여 선정된 회사들만 파워링크 광고를 할 수 있도록 만들어놓았는데, 네이버 공식 대행사로 지정되면 다양한 기업들의 파워링크를 운영할 수 있는 자격이 주어진다. 여러 곳이 아닌 나의 사업장 한 군데만을 광고한다면 대표자 본인이 직접 운영하는 것도 가능하다. 세무사가 수임 동의를 받아 다양한 업체의 세무 업무를 도와주지만, 만일 혼자 처리할 수 있는 사람이라면 자기 사업체의 세무 관련 내용을 직접 처리하는 것과 같다고 생각하면 쉽다. 운영방식을 조금만 이해하면 직접 운영하는 것이 어렵지도 않을뿐더러 직접 운영할 경우 소진된 금액의 5%를 비즈 쿠폰으로 환급해 주기 때문에, 그 금액을 다시 광고에 재투자할 수 있다. 100만 원을 광고비로 소진했다면 5만 원을 돌려받을 수 있다.

물론 광고 세팅이 어렵다면 광고대행사에 의뢰하는 것도 하나의 방법이다. 파워링크 광고의 경우 네이버 공식 대행사에 운영을 맡기면 네이버에서 광고대행사에 주는 운영수수료로 마진을 남기기 때문에 따로 대행비나 운영비를 지불하지 않아도 된다. 그러나 비공식 대행사에서 네이버의 공식 대행사인 것처럼 연락하여 여러 가지 이유로 비용을 추가하거나, 앞서 말한 바와 같이 1년 이상의 장기 결제를 유도하고, 또 파워링크에 대해 잘 모르는 업체에게는 다른 광고 상품까지 함께 끼워팔기를 하며 효율이 없는 키워드로 운영하는 등, 성과는커녕 지출만 커지는 상황이 생길 수도 있다. 따라서 만약 광고대행사에 파워링크 광고를 의뢰하고 싶다면 먼저 파워링크에 대해 파악하고, 네이버 공식 대행사 중 내가 운영하는 업종의 광고를 많이 진행했던 경험이 있는 회사에 직접 전화를 걸어 의뢰하는 것이 좋다. 앞에서 여러 번 이야기했듯이 일은 '잘' 시켜야 '잘할' 수 있다.

네이버 키워드 검색광고 사이트

네이버 공식 대행사 정보는 '네이버 공식 대행사'를 검색하면 확인할 수 있다.

공식 대행사 안내

파워링크 마케팅 직접 해보기

네이버 키워드 검색광고는 파워링크, 쇼핑검색, 파워콘텐츠, 브랜드 검색, 플레이스 등 총 5개로 이루어져 있다.

- 사이트 검색광고: 네이버에서 키워드 검색 시 사이트 링크를 노출하는 파워링크 광고
- 쇼핑 검색광고: 네이버 쇼핑의 검색결과 화면 등에 상품 이미

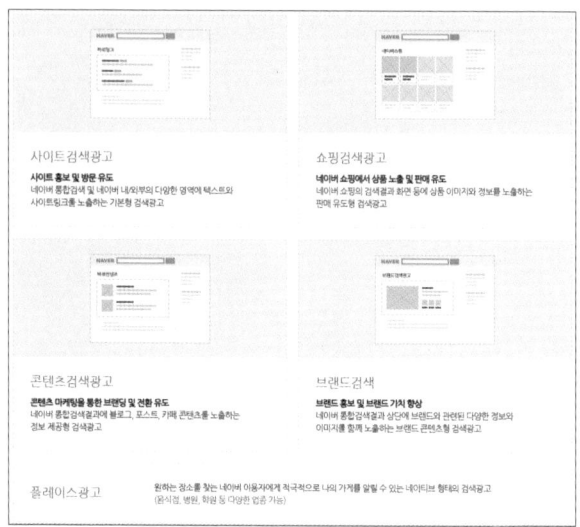

네이버 키워드 검색광고 종류

지와 정보를 노출하는 판매 유도형 검색광고

- 콘텐츠 검색광고: 네이버 통합검색 결과에 블로그, 포스트, 카페 콘텐츠를 노출하는 정보 제공형 검색광고
- 브랜드 검색광고: 나의 브랜드를 검색했을 때 관련된 다양한 정보와 이미지를 함께 노출하는 브랜드 콘텐츠형 검색광고
- 플레이스 광고: 지도 검색의 상단에 나의 가게를 노출시킬 수 있는 네이티브 형태의 검색광고(음식점, 병원, 학원 등에서 많이 진행)

이런 광고를 하기 위해서는 '네이버 검색광고 사이트'에서 가장 먼저 캠페인을 만들어야 한다. '네이버 검색광고'에 회원가입을 한 다음 '광고관리' 탭에서 '새 캠페인'을 클릭한다.

캠페인 만들기

다양한 캠페인 유형이 나오는데, 유형별로 아래에 달린 설명을 참고하여 어떤 형태로 진행할 것인지 선택한다.

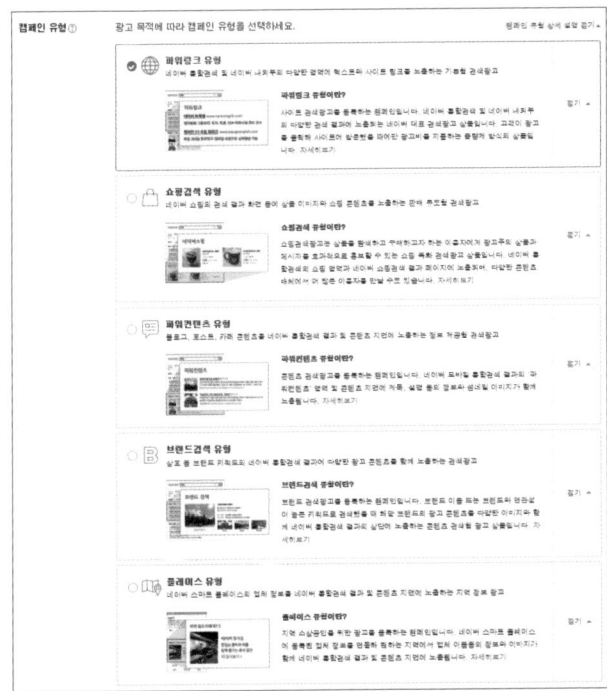
캠페인 유형 선택

이때 먼저 하루 예산을 반드시 설정해놓아야 한다. 하루 예산을 설정하지 않으면 한도가 없이 계속 금액이 소진되기 때문에, 감당하지 못할 금액이 과금되어 낭패를 볼 수 있기 때문이다.

캠페인 이름 ⑦	파워링크#1

하루예산 ⑦	하루 동안 이 캠페인에서 지불할 의사가 있는 최대 비용을 설정합니다.

캠페인별 예산 설정

캠페인 생성 시 설정하는 것을 잊었다면 모든 캠페인을 생성한 뒤에도 언제든 수정이 가능하다. 또, 캠페인 안에서도 각기 다른 광고 그룹을 제작할 수 있으며, 이때도 하루 예산을 설정할 수 있다.

광고 그룹 만들기

캠페인이 어떤 광고를 할 것인지 선택하는 것이라면, 광고 그룹은 어떤 것을 광고할 것인지를 설정하는 것이라고 보면 된다. 파워링크를 진행하려 한다면 PC에 노출을 원하는지 모바일에 노출을 원하는지, 또 이떤 소재(이미지나 글)를 노출할 것인지 등을 각기 다르게 설정할 수 있다. 이는 광고 그룹을 만드는 페이지에서 별도로 그룹을 나누어 관리할 수 있다.

광고 그룹을 만들고 키워드를 등록하고, 소재를 제작하는 것은 모두 비슷한 방식으로 이루어지지만, 파워링크가 사이트만 있다면 등록이 가능한 데 비해 파워 콘텐츠는 네이버를 기반으로 한 블로그, 포스트, 카페를 통해 업로드된 콘텐츠로만 등록이 가능하고, 쇼핑 검색광고는 네이버 쇼핑에 입점되어 있어야 하며, 플레이스 광고는 스마트 플레이스에 반드시 등록되어 있어야만 광고가 가능하다는 차이점이 있다.

이렇게 광고 그룹을 만들 때 설정할 것들이 몇 가지 있다. 일단 어떤 사이트로 유입을 할 것인지 선택하고, 하루 예산을 그룹별로 별도로 설정할 수 있다. 즉 클릭률이 높고 유입이 많은 사이트는 예산을 좀 더 높이고, 그렇지 않은 그룹은 예산을 낮춰가며 효율적으로 운영할 수 있다.

광고 그룹 예산 설정

다음으로 광고를 노출할 지역이나 요일, 시간을 선택할 수 있다. 노출할 지역을 설정할 수도 있고, 노출을 제외할 지역을 설정할 수도 있으므로 광고하려는 제품이나 상품군에 맞추어 설정하면 된다. 만약 쇼핑몰이라면 공간의 제약을 두지 않아도 되지만 지역을 기반으로 판매하는 상품이라면 타깃을 좁힐 수 있다.

노출 지역 및 시간대 설정

온라인 쇼핑몰인데 왜 군이 시간 설정을 하는지 의아할 수도 있을 것이다. 가령 회사에서 사용하는 물품을 판매하는 사무용품 업체라면 늦은 새벽 시간보다는 직장인들이 컴퓨터를 하는 시간에 맞추어 설정하고 예산을 소진하는 것이 효율적이고, 또 기타 쇼핑

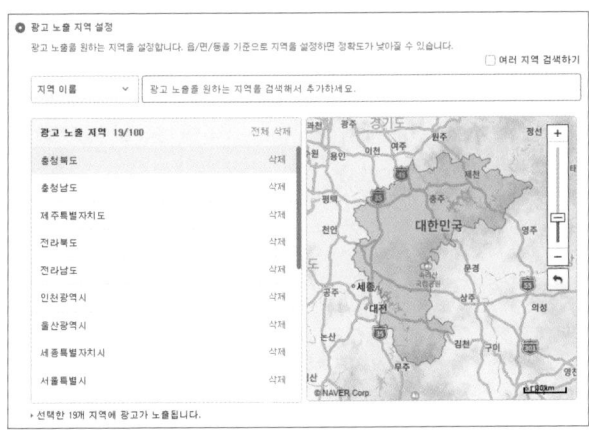

지역 세부 설정

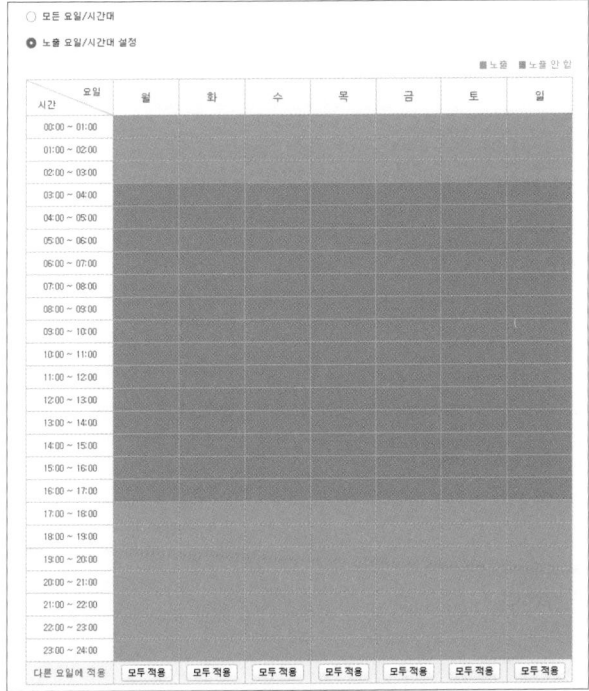

시간대 세부 설정

몰이라 하더라도 처음에는 모든 시간을 열어놓고 유입 상황을 분석한 뒤, 공략 시간대를 정하여 그 시간대에 예산을 조금 더 크게 잡아 운영하는 것이 효율적이다.

키워드 추가하기

다음으로 만들어놓은 광고 캠페인 내에서 새 키워드를 눌러 내가 원하는 키워드를 추가할 수 있다. 이때 키워드의 월간 검색 수를 확인하여 사람들이 많이 검색하는 키워드는 어떤 것들인지 찾아볼 수 있다.

노출할 키워드 추가하기

원하는 키워드를 추가한다고 해서 바로 추가되는 것은 아니고 노출할 소재를 설정하고 키워드 검토의 과정을 거쳐야 한다. 또 어떤 제목으로 노출될 것이며 어떤 사이트가 노출될 것인지, 그리고 어떤 설명을 넣을 것인지 고민하여 소재 검토 과정까지 거치면 파워링크에 노출할 수 있다.

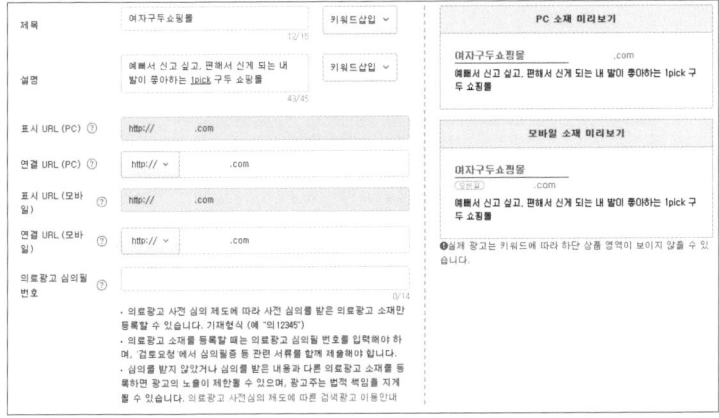

파워링크 정보 세팅

이 과정이 완료되면 내가 원하는 검색어에 노출될 수 있도록 입찰가를 지정해야 한다. 입찰가 변경 버튼을 누르고 내가 노출되기를 원하는 검색어의 평균 입찰가가 얼마인지 확인할 수 있다. 또 각 검색어마다 원하는 금액으로 설정할 수도 있다.

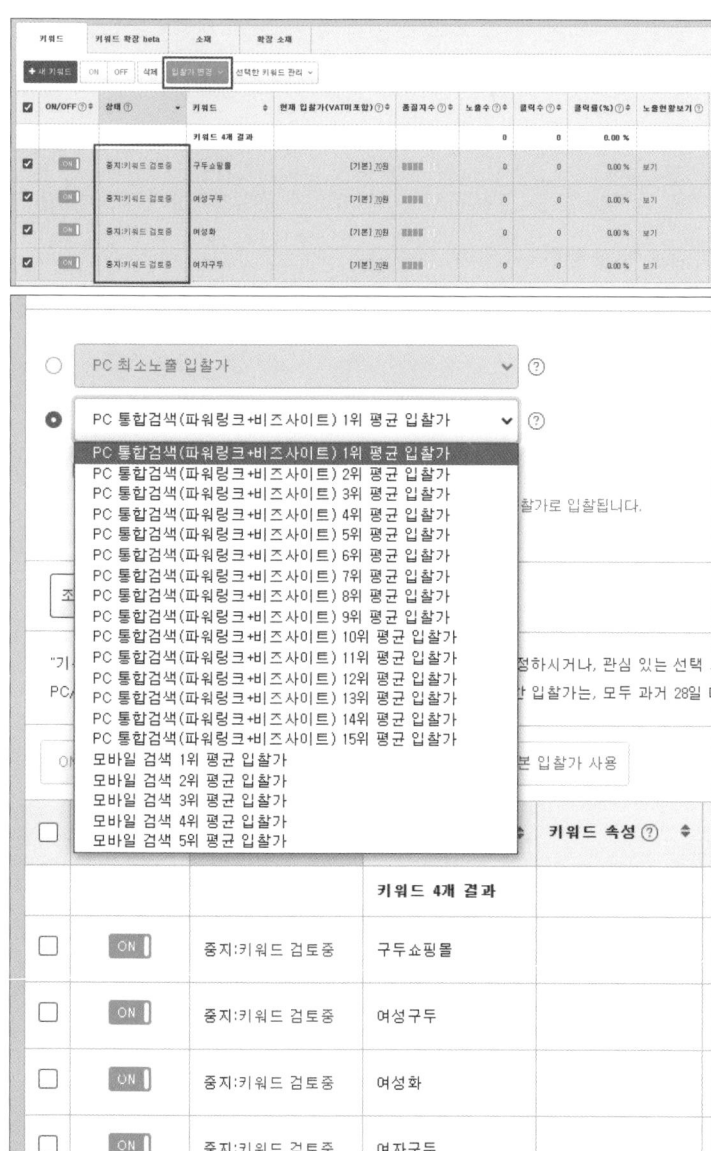

입찰가 확인 및 설정 페이지

이러한 세팅 과정을 거쳐서 다른 사람보다 높은 입찰가를 지정한다면 원하는 검색어에 노출될 수 있다.

내가 원하는 검색어는 얼마나 많은 사람들이 찾아볼까

검색광고라 불리는 파워링크 광고에 대해 이렇게 공들여 설명하는 이유는, 네이버 영역상 상단에 노출되는 영역임에도 아직 음식점이나 카페 등 소상공인들이 광고를 많이 하지 않고 있는 영역이기 때문이다. 따라서 가성비 있는 광고 효과를 볼 수 있기도 하고, 이 사이트를 통해 어떤 키워드가 검색량이 높으며, 얼마 정도의 금액으로 광고가 되고 있는지도 파악할 수 있다. 검색량과 광고비용에 대해 파악하면 SNS 마케팅 시 해시태그를 삽입할 때도 더 좋은 해시태그를 찾아 공략할 수 있다.

또한 검색광고 계정을 하나 만들어놓으면 사이트에 들어가서 광고하는 부분을 살펴볼 수도 있고, 키워드 도구 페이지에 들어가 최근 사람들이 많이 검색하는 검색어 트렌드와 시기별 검색어에 대한 분석도 살펴볼 수 있다.

검색광고 가입 후 광고관리 페이지에 들어가 도구 탭에서 '키워드 도구'를 선택하면 키워드 검색량을 조회해볼 수 있는데, 한 번에 5개까지 검색이 가능하다.

키워드 검색량 확인하기

이곳에서는 월간 PC 조회수, 모바일 조회수와 월평균 클릭 수, 노출 대비 클릭률을 알 수 있고, 키워드 입찰에 따른 경쟁 정도도 확인할 수 있다.

월간 검색 수, 클릭 수, 경쟁 정도 등을 확인할 수 있다.

광고대행사에서 가장 싫어하는 고객은 마케팅과 광고 분야에 대해 아예 모르는 사람이다. 사기를 치려는 광고회사라면 얼씨구나 하고 좋아할지 모르겠지만, 제대로 된 회사라면 효율을 높이고 매출을 상승시키기 위해 진행하는 광고에 대해 대화를 많이 할 것이다. 그러나 고객이 마케팅에 대해 전혀 모른다면 경쟁이 심한 키워드를 터무니없는 금액으로 요구하거나, 콘텐츠를 쌓아가는 초반에 왜 빨리 효율이 안 나느냐고 닦달하기도 하므로 함께 일하기 어렵게 느껴진다. 너무 잘 아는 사람이라면 아는 척하고 하나하나 간섭하려 들 수도 있지만 그래도 모르는 것보다는 아는 것이 함께 일하기에 낫다.

또한 너무 모르면 앞서 말한 것처럼 사기당하기도 십상이다. 그렇기에 광고회사에 의뢰한다 해도 마케팅의 기본과 해당 광고 상품, 내 업종의 키워드 등에 대해 어느 정도는 파악해야만 효율적으로 비용을 지출할 수 있다.

틈새 공략,
지식iN 바이럴

지식iN 마케팅으로 보험왕에 오르다

대한민국은 야후나 구글을 많이 사용하는 다른 국가와 달리, 네이버라는 자국의 포털사이트를 활발히 사용하는 몇 안 되는 국가 중 하나다. 구글이 점유율을 많이 따라잡고 있기는 하지만 아직도 '궁금한 것=네이버 검색'이라는 공식이 통용되고 있다.

이런 네이버도 초창기에는 데이터가 부족했기에 검색 사이트로서의 기능이 완벽하지 못했다. 그때 착안해 낸 대처법이 바로 '지식iN'이다. 지식iN 페이지에서는 검색에서 찾을 수 없는 내용을 직접 질문하고, 그 질문에 대한 답변을 다른 네티즌들이 달아주게 된다. 유저들끼리 궁금증에 대한 해답을 충족시키고, 네이버는 이를 통해 데이터를 수집하니 아주 똑똑한 시스템이 아닐 수 없다.

2002년부터 제공한 이 지식iN 서비스를 통해 네이버는 포털사이트 업계의 1위 자리를 차지할 수 있었고, 4,000만 명 이상이 지식iN 서비스를 이용하며 1억 7,000여 건의 질문과 2억 3,000여 건의 답변이라는 어마어마한 데이터를 축적했다(2016년 5월 기준). 사람들이 많이 모이는 곳에는 언제나 광고가 붙듯이 당연히 지식iN 서비스를 활용하는 광고회사들도 생겨났고, 또한 이를 활용해 자기 발전의 발판으로 만든 사람들도 무수히 많다.

지식iN 서비스를 통해 보험왕에 오르게 된 분의 이야기를 들은 적이 있다. 그는 처음 보험 영업을 할 때 지인 외에 다른 고객을 만날 수 있는 루트가 없어 고민이 컸고, 일을 그만두어야 할지도 생각했다고 한다. 그러던 중 지식iN 사이트에서 보험에 관해 질문하는 이들을 보았고, 할 일 없이 돌아다니는 것보다는 낫겠다는 생각에 그들의 질문에 답해주고, 보험설계를 해주기도 하며 지식iN 안에서 내공을 쌓아갔다고 한다.

그러자 점차 질문한 사람들로부터 직접 연락이 오기 시작했고, 수천 건의 글들이 쌓이며 그의 답변을 본 다른 사람들까지 연락해오면서 저절로 영업이 되었다고 한다. 그렇게 지식iN 내에서 가장 높은 등급을 갖게 된 그는 지금도 지식iN을 통해 사람들의 궁금증을 해결해 주고 있으며, 그렇게 쌓아놓은 데이터를 통해 유입되는 문의로 꾸준히 수익을 창출하고 있다고 한다.

지식iN을 통한 마케팅 성공 사례는 무수히 많다. 현재 지식iN 페이지에는 질문 카테고리나 답변자의 등급 등이 세분화되어 있는데, 그중에는 전문가 상담이나 전문가 답변이라는 것이 있어 수

많은 전문직 종사자들이 성의 있는 답변으로 마케팅 효과를 보고 있다. 또 '엑스퍼트'라는 서비스를 통해 실시간 상담이나 온라인 클래스로 직접 매출을 발생시키기도 한다.

사람들은 궁금한 것이 있다면 찾아 나서기보다는 먼저 휴대폰이나 컴퓨터로 검색해본다. 그리고 내가 원하는 정확한 답을 찾지 못하면 그 답을 찾기 위해 질문을 올린다. 그런데 내 질문에 정확히 답변해 주는 사람, 나의 가려운 곳을 시원하게 긁어주는 사람을 찾는다면? 가까이 대면하고도 궁금증을 풀어주지 못하는 사람보다는 대면하지 않아도 명쾌한 답을 주는 사람에게 더 신뢰감을 가지게 되고, 결국은 그를 찾게 되는 것이다.

지식iN 마케팅 잘하는 팁

지식iN 마케팅의 첫 번째 장점은 광고비 절감이다. 적은 시간을 투자하고 쉽게 할 수 있는 마케팅 중 하나가 바로 이 지식iN 마케팅이다. 컴퓨터를 다룰 줄 알고 키보드를 쓸 수만 있다면, 아니 휴대폰으로 문자 메시지를 보내는 정도만 할 수 있으면 누구나 할 수 있으며 비용도 전혀 들어가지 않는다. 질문을 하는 질문자의 의도에 맞춰 성심성의껏 답변을 해주기만 하면 된다.

지식iN에서 자신의 업종과 관련된 키워드를 검색해 보면 주기적으로 질문이 올라오는 것을 볼 수 있다. 얼마 전에 올라온 질문을 예로 들면 "은평구 응암동 여자 머리 잘하는 미용실 추천해 주세요"라는 글이 있고, 이 질문에는 2개의 답변이 달려 있다. 한 답변에는 업체의 플레이스가 추가되어 있고, 다른 답변에는 명함이 첨부되어 있다. 응암동에는 내가 아는 것만 해도 얼추 20개 이상의 미용실이 있는데, 적어도 이 질문을 쓴 질문자는 답변이 달린 두 곳 중 한 곳으로 가게 될 것이다.

지식iN 마케팅 역시 공략하는 사람이 많지 않으므로, 열심히만 한다면 효과를 볼 수 있다. 또 아이디의 내공을 좀 더 키운다면 답변 채택도 더 잘되고 상위 노출의 효과도 누릴 수 있다. 아래에 상위 노출을 위한 팁을 소개한다.

아이디를 업체명으로 세팅하기

지식iN 메인 페이지에서 '프로필 바로가기', '프로필 관리 수정'에서 바꿀 수 있다. 프로필 사진도 관련된 것으로 수정하고 한 줄 소개, 소속, 플레이스 주소나 대표 URL도 꼼꼼히 채우는 것이 좋다.

답변은 간단하고 명쾌하게

주절주절 떠드는 것보다는 질문자의 질문에 대해 명확한 답을 써주는 것이 좋으며, 답변의 형식은 딱딱한 말투보다 구어체로 친근하게 작성하는 것이 좋다.

고객이 나의 업체를 바로 볼 수 있도록 연결된 링크도 함께 올리기

답변이 마음에 들어 더 알아보고 싶다 해도 번거롭게 다시 검색해

야 한다면 직접적인 홍보가 되지 않고, 질문자의 뇌리에 각인될 수
없다. 업체를 확인할 수 있는 대표 사이트, SNS 주소 또는 네이버
플레이스 프로필 링크를 첨부해도 좋다.

지식iN 마케팅 이렇게는 하지 마라

지식iN 마케팅은 질문자에게 내가 답변하는 일대일 구조지만 결
국은 다른 사람들에게도 보여지는 것이기에 바이럴 마케팅의 성
질을 가지고 있다. 따라서 단순히 질문자 한 명만을 위한 답변이
아니라 같은 질문을 검색해볼 다수의 사람들도 염두에 두어야 한
다. 자칫 잘못된 글로 답변하면 오히려 역풍을 맞을 수가 있으므로
주의해야 한다.

답변은 달 수 있는 것만 달아라

잘못된 답변을 하면 누군가는 피해를 볼 뿐 아니라 잘못된 답변글
이 박제되어 많은 사람들에게 보여지며 신뢰감이 떨어지게 될 수
도 있다. 가령 "일본에서 사온 후리카케인데 아래 쓰여 있는 날짜
가 제조일자인가요? 유통기한인가요?"라는 글이 있다고 하자. 이
에 "명동의 ××일식입니다"라며 답변을 달았는데, 질문자의 질문
에 대한 답변은 없고 홍보 글만 쓴다거나 잘못된 답변을 올린다면
이는 답변을 하지 않은 것만 못하다. 맥락 없는 홍보 글은 역효과
를 불러오며, 잘못된 답변은 누군가에게 피해를 입힐 수도 있다.

우리는 마케팅 중임을 잊지 마라

질문에 집중하되 광고하는 것을 간과해서는 안 된다. 물론 아이디도 업체명으로 했고, 링크도 달았지만 우리 매장의 특장점에 대해서 조금은 언급할 필요가 있다. 과도하게 상업성을 띤 답변은 거부감을 일으킬 수 있지만 한두 줄 정도의 적당한 자랑이라면 답변을 해준 성의로 넘어갈 수 있다. 성실한 답변 뒤에 "매일 아침 도착하는 신선한 재료로 깨끗한 한 끼를 만들어드리는 ○○백반입니다. 여의도에 오신다면 든든한 하루를 위해 들러주세요" 정도로 질문자의 궁금증 충족과 업체 홍보를 동시에 할 수 있다.

노출되었으면 하는 키워드는 2~3번 넣어서 답변하라

블로그와 마찬가지로 지식iN 로직도 매우 자주 바뀌기에, 노출에 대한 확실한 로직을 이야기하기는 어렵다. 그러나 대부분의 검색 로직은 반복적인 키워드를 수집하는 알고리즘을 갖고 있다. 그러므로 질문자의 질문과 동떨어지지 않는 한도 내에서 노출되었으면 하는 키워드를 반복해서 넣으면 상단에 노출될 확률이 높아진다. 가령 "여자친구에게 선물하려는데 방화동에 꽃다발 예쁘게 만드는 곳 추천해 주세요"라는 글에 꽃집 사장님이 답변을 단다면 답변 안에 '방화동 꽃집'을 넣어 "안녕하세요. 여자친구에게 꽃을 선물하려고 하시는군요~ 로맨틱하고 멋지시네요. 방화동 꽃집을 찾으신다니 추천드려요. (중략) 방화동 꽃집 ○○플라워였습니다"와 같이 작성하면 '방화동 꽃집' 키워드에 노출될 확률이 높아진다.

6장

SNS 바로 매출
1,000% 상승 노하우

공짜로 체험단
진행하기

체험단 마케팅 사기가 많은 이유

경찰청 자료에 의하면 최근 5년간 보이스피싱 발생 건수는 15만 건에 육박하고, 피해액은 200억도 2,000억도 아닌 2조를 훌쩍 뛰어넘은 2조 1,300억 원 이상이다. 전화로 개인정보를 알아내 사기를 벌이는 보이스피싱에서 진화하여 문자메시지를 이용하는 스미싱이나 타인의 메신저 아이디를 도용하여 로그인한 뒤 금전을 요구하는 메신저 피싱까지 나타나 피해 사례가 적지 않다.

이러한 사기를 직접 당해보지 않은 사람들은 "전화로 몇 마디 나누는 걸로 어떻게 사기를 당하지?" 하고 의아하게 생각할 수도 있다. 그러나 사람이 살아가며 결정하는 모든 것은 찰나의 순간에 이뤄진다. 갈까 말까, 말할까 말까, 볼까 말까 등의 모든 말과 행동은 그 전의 고민이야 어찌되었든 순간의 결정에 의한 것들이고, 이 책을 계속 볼까 말까 하는 것도 독자가 순간의 행동을 어떻게 결정하느냐에 달려 있다. 그리고 그 선택에 따른 결과는 판이하게 달라진다. 찰나의 순간 잘못된 선택을 하게 되었다면 어마어마한 후폭풍을 맞을 수도 있는 것이다.

광고회사에 사기를 당한 사람들의 말을 들어보면 파워링크 광고와 체험단 마케팅이 대부분이며 유독 체험단 마케팅의 피해 사례가 많다. 그 이유는 광고회사 영업사원들의 근속연수가 길지 않은 탓도 있지만, 서두에 말한 보이스피싱의 맥락과 같이 파워링크 광고나 체험단 마케팅은 TM 영업이 많다는 것이 큰 이유이다. 코로나19로 인해 이제는 마스크가 생활화되었고, 비대면 시대도 계속 이어지고 있다. 그러나 금전이 오가는 중요한 거래라면 광고비뿐 아니라 어떤 것에 대해서도 직접 대면해 거래를 조율하는 것을 권한다.

블로거지? 인스타 거지?

자영업을 운영하고 있는 사장님이라면 자신의 매장에 들어와 사진을 찍는 고객들을 수없이 보았을 것이다. 단순히 기념으로 촬영하는 사람들도 있지만 요즘은 자신의 일상 기록을 위해서라도 블로그나 인스타그램 계정을 하나씩 갖고 있으며, 만족스러운 방문과 소비에 대한 내용을 자신의 계정에 업로드하는 사람들도 많아졌다.

인터넷의 영향력이 계속해서 커지고, 이렇게 자신의 계정을 가진 사람이 많아질수록 자영업자들은 사실 더욱 힘들어지는 것 같다. 주관적인 본인의 판단으로 조금만 불친절하다고 느끼면 인터넷에 글을 올려 비난하는 경우가 많아, 양심적으로 장사하는 분들도 억울하게 누명을 쓰거나 피해를 입는 사례도 적지 않다. 그중에는 해당 업체의 직원이나 사장님이 빌미를 제공한 경우도 있지만, 아무런 잘못을 하지 않았는데도 억울하게 당하는 경우들도 있다. 이른바 '블로거지'나 '인스타 거지'로 인한 피해도 마찬가지다.

광고회사를 운영하던 무렵, 아는 사장님으로부터 전화가 왔다. 사장님은 도통 자신이 무얼 잘못했는지 모르겠고, 너무 억울하다며 울분을 토하셨다. 사연인즉슨 식사를 마친 고객이 계산대에 와서는 자신은 블로거인데 지금 먹은 음식값을 공짜로 해주면 자신의 블로그에 좋은 글을 남겨주겠다고 했다는 것이다. 사장님은 따로 마케팅을 하고 있어서 괜찮다고 정중하게 거절했지만, 그 블로거는 분명 도움이 될 것이라며 계속 억지를 부렸고, 사장님은 이렇게 공짜를 요구하는 손님이 더 생기는 것을 미연에 방지하기 위해 단호하게 거절했다고 한다.

자신이 먹은 음식값은 당연히 지불해야 하는데도 탐탁지 않은 표정으로 계산을 한 블로거가 가고 난 며칠 뒤, 가게와 관련하여 "더럽게 맛없고 불친절"하다는 내용으로 글이 올라왔고, 이를 발견한 사장님이 대체 어떻게 해야 하느냐며 전화했던 것이다.

체험단 마케팅을 진행하면 비용도 따로 지불하고 블로거에게 음식도 공짜로 줘야 하는데, 블로거가 먼저 찾아와 공짜로 먹고 글을 써준다고 하면 괜찮은 것 아닌가? 하는 생각을 할 수도 있다. 그러나 이때 간과한 것이 있다.

다시 사장님의 사례로 돌아가 이야기하면 그 글이 올라온 후 찾아본 해당 블로그는 다행히도 이웃 수가 200명도 되지 않았고, 하루 방문자 수가 50도 채 되지 않는 영향력 없는 블로거였다. 사장님은 본인의 가게이기 때문에 가게명을 검색해서 뒤쪽 페이지의 글까지 모조리 훑어봤기 때문에 그 글을 볼 수 있었던 것이지, 용인맛집, 용인기흥구맛집, 신갈동맛집 등 일반 사람들이 검색하는 대표 검색어를 통해서는 그 글을 찾을 수 없었다. 굳이 이런 블로거에게 음식을 공짜로 줄 필요가 있을까? 만약 이런 블로거에게 음식을 공짜로 주었다는 것이 소문이라도 나면 영향력 없는 수천 명의 블로거뿐 아니라 공짜로 밥을 먹기 위해 블로그를 개설하고 달려드는 사람도 생길 것이다. 1장에서 잘못된 이벤트를 통해 사람들이 무한히 계정을 생성하고 품앗이를 하며 이벤트 리워드를 받아가 SNS 이벤트를 조기 종료해야 했던 사례를 기억해 보자.

그렇다면 블로거라고 지칭하는 사람들이 와서 공짜로 달라고 하면 모두 다 거절하는 것이 맞을까? 이것도 정답은 아니다. 만약 매장에 찾아온 블로거가 영향력이 큰 인플루언서였고 그 사람이 자신의 계정에 악성 글을 올린다면, 그것이 사실이든 아니든 매장 운영에 큰 타격을 받을 수 있다. 후에 소송을 하는 등의 방법으로 해명이 이루어지고 사과를 받는다 하더라도 그 파장은 감당하지 못할 정도가 되어 있을지 모른다. 또한 파급력이 없는 블로거라 하더라도 매장에 연동된 리뷰에 부정적인 글을 올려 우리 매장을 검색하는 다수의 사람들에게 보이게 될 수도 있다.

그러나 이 책을 읽는 당신은 이러한 풍파를 겪지 않아도 된다. 이 문제에 대한 명확한 해결책은 바로 가이드라인의 유무이다. 블로거, 인스타그래머, 유튜버들이 찾아와 공짜로 음식을 달라고 하면 매장의 가이드를 제시하고, 그 가이드라인에 부합할 경우 그들의 계정이 본인의 것인지 확인할 수 있게 해달라고 하라. 쿠폰 10개를 모으면 탕수육 서비스를 주는 중국집의 규칙처럼, 우리 매장에는 서비스 제공에 대해 이미 정해진 가이드가 있다는 것을 알리면 된다. 만약 계정을 확인해본 결과 정말 많은 팔로워를 보유한 사람이라면 때로는 위기가 아니라 기회가 될 수도 있다.

가이드라인을 확실히 잡지 못하는 사장님들께 팁을 드리자면, 블로그의 경우 하루 방문자 수 500명 이상이면 어느 정도 관리를 잘하는 블로그라고 볼 수 있다. 그러나 일일 방문자 수 500명 이상의 블로그도 생각보다 많기에, 감당이 어렵다고 느껴진다면 조금 더 기준을 높여 1,000명 정도로 잡아도 무방하다.

인스타그램의 경우 최소 10K, 즉 1만 명 이상의 인스타그래머에게만 제공해줄 수 있다고 이야기하라. 관리를 잘 하지 않는 내 인스타그램 계정도 6,000명 이상의 팔로워를 보유하고 있으나(사실 예전에 엄청 열심히 했었기에 가능한 숫자이다) 최근에는 관리를 잘 하지 않아 게시물을 올린다 해도 '좋아요'가 많이 찍히지 않는다. 그렇기에 최근 글의 '좋아요' 수도 함께 확인하는 것이 좋다.

유튜브의 경우는 구독자 1만 명 이상으로 잡는 것이 좋다. 현재 유튜브를 하는 사람들이 수익을 내기 위해 유튜브의 심의를 받고 광고를 게재할 수 있는 수익 창출 기준은 구독자 1,000명과 4,000시간의 재생이다. 그러나 이는 단순히 본인이 수익을 창출할 수 있는 기준일 뿐, 자영업을 하는 우리에게 도움이 되려면 유튜브 구독자 1,000명은 턱없이 부족한 숫자이다.

블로그는 관련된 지역+맛집 키워드를 검색하고 들어와서 보는 경우가 많기 때문에 업로드한 포스팅의 효과를 직접적으로 볼 수도 있지만, 인스타그램이나 유튜브는 그 사람 개인을 보기 위해 구독하는 경우가 대부분이어서 효율이 떨어진다. 즉 해당 유튜버는 용인에 살면서 용인에 있는 식당 후기를 업로드하지만, 구독자들은 전국 각지에 살고 있으므로 방문 가능성이 적다는 뜻이다. 따라서 블로그는 일일 방문자 수를 기준으로 가이드라인을 잡고, 때에 따라 가이드를 낮춰도 되지만 인스타그램이나 유튜브는 기준을 조금 더 높여 생각하는 것이 좋다.

제대로 된 체험단 업체 고르는 방법

인플루언서들이 제 발로 우리 매장에 들어와준다면 고맙겠지만 그런 일이 흔하게 생기지는 않는다. 그러나 우리 매장을 선택했을 때 몇 년 전의 후기밖에 없다면 고객들은 그 매장이 지금은 운영을 하는지, 지금도 맛이나 품질이 그대로인지, 글이 없는 이유가 손님이 찾지 않아서는 아닌지 등을 의심하고 선택지에서 배제할 수도 있다.

특히나 매장이 처음 오픈했다면 고객들에게 최대한 매장을 알리고 많은 정보를 주는 것이 좋고, 그러기 위해서는 다량의 포스팅을 배포할 수 있는 체험단 마케팅만큼 효과적인 것이 없다. 비어 있는 가게라면 손님이 많아 보이게 할 수도 있고, 그들을 통해 양질의 콘텐츠가 지속적으로 올라간다면 고객에게 신뢰감을 주는 것은 물론 네이버 플레이스에 리뷰가 쌓여 상단 노출에도 유리하다.

그렇다면 체험단 마케팅은 어떤 회사와 진행해야 할까? 정답은 간단하다. 온라인으로 검색하여 나오는 광고회사들 중 체험단 마케팅 관련 회사들을 선택하면 된다. 그러나 선택하기에 앞서, 다음의 세 가지를 꼭 명심해야 한다.

계약 전 반드시 미팅을 진행할 것

어떤 키워드에 노출해 주는 것인지, 그리고 어느 정도 수준의 블로거들이 방문하는 것인지도 반드시 물어보자. 미팅을 통해 궁금증을 말끔히 해소해 주고 신뢰가 가는 업체를 잘 선택하기 바란다.

계약은 최대 3개월 단위를 넘지 말 것

6개월, 1년씩의 장기계약보다는 3개월 미만의 계약으로 시작하여 연장하면서 진행하는 것을 권장한다. 그래야 관심의 테두리 안에서 제대로 된 관리를 지속적으로 받을 수 있다.

보고서는 매월 받아볼 것

매월 포스팅 보고서를 확인하고 블로거들이 올린 포스터도 꼼꼼히 살펴보자. 틀린 정보는 없는지, 성의 없게 쓰지는 않았는지, 또 내가 강조한 내용이 포함되어 있는지 확인하고, 업체에 피드백을 해주어야 한다. 또한 블로거의 일일 방문자 수를 확인하고, 그 글이 어떤 키워드를 검색했을 때 노출되는지도 확인해 보길 바란다.

무료 체험단 마케팅 직접 해보기

업체에 체험단 마케팅을 맡기면 모집, 선정, 보고서까지 편하고 쉽게 진행할 수 있다. 그러나 만약 광고비를 지출할 여력이 없거나 어느 정도 컴퓨터를 다룰 수 있다면 내가 원하는 대로 모집 글을 올리고, 내가 원하는 블로거를 선정하여 직접 체험단을 진행할 수도 있다. 검색을 통해 무료로 체험단을 진행할 수 있는 사이트와 앱도 찾을 수 있다. 또 카카오톡에서 '체험단 모집'을 검색하면 몇천 명의 블로거와 인스타그래머가 있는 오픈채팅방을 찾을 수 있는데, 그곳에서도 상시 모집이 가능하다. 단, 개인적으로 체험단을 모집할 경우 간혹 포스팅 약속을 지키지 않고 일명 '먹튀'를 하는 경우도 있으므로, 방문했을 때 운영하는 계정이 본인 것이 맞는지 등과 함께 개인 휴대폰 번호도 반드시 확인해야 한다.

광고주가 직접 모집하는 무료 체험단 모집 사이트

- 에코 블로그: echoblog.net
- 뷰릿지: viewridge.co.kr
- 체험단 닷컴: chehumdan.com
- 입소문: 모바일 애플리케이션

콘텐츠가 되는
사진 촬영 기법

앞에서 온라인 마케팅의 기본이라 할 수 있는 포털사이트 마케팅에 대해 다뤘다. 그러나 우리의 궁극적인 목적은 SNS 마케팅을 통한 유입과 우리가 키워나갈 우리 업체의 SNS 계정이 성장하는 것이다.

앞서 SNS 마케팅에서 가장 기본이 되는 것은 바로 콘텐츠이고, 콘텐츠 중에서도 고객의 눈길을 단번에 사로잡는 것은 사진이라는 것을 배웠다. 그렇다면 어떻게 해야 사진을 잘 찍을 수 있을까?

사실 지름길은 없다. 정답은 많이 찍어보고 많이 봐야 한다는 것이다. 셀카를 즐겨 찍는 사람들을 보면 한 장만 찍는 것이 아니라 각도를 바꿔가며 수십 장을 찍는다. 그리고 몇십 장을 찍어야 한 장 건진다고도 종종 말한다. 예전부터 사진을 찍어왔다 하더라도 잘 찍힌 사진 한 장을 얻기 위해서는 수십 장의 사진이 버려져야 하는 것이다. 사진을 잘 찍는 사람은 그만큼 많이 찍어본 사람들이다. 유명한 포토그래퍼들도 한 번에 OK 컷을 촬영하기는 어렵다. 많이 찍어봐야 어떻게 찍는지 감을 잡을 수 있고, 좋은 사진을 많이 봐야만 어떤 사진이 좋게 나오는지 알 수 있다.

SNS에서 먹음직스러운 음식 사진과 갖고 싶을 정도로 멋진 상품 사진을 많이 보도록 하자. 그리고 내가 찍고자 하는 피사체가 있다면 그 사진들의 구도와 각도를 참고하여 다양하게 찍어보며 연습하자.

작품이 되는 사진 직접 찍어보기

훈련도 필요하지만 고객의 눈길을 사로잡는 효과적인 이미지나 영상을 촬영하기 위해서는 기본적인 규칙을 먼저 알아야 한다. 연습을 하더라도 그런 기본을 지키며 시도하면 좀 더 빨리 좋은 사진을 찍을 수 있고, 그렇게 충분히 연습하다 보면 나중에는 매장의 메뉴판에 넣을 사진들도 직접 찍을 수 있는 경지에 다다를 것이다.

구도를 잡아라

사진과 영상은 구도가 굉장히 중요하다. 구도가 전부라 해도 과언이 아닐 만큼 사진이 달라지기 때문이다. 피사체가 사람이라면 구도에 따라 8등신 모델이 되기도 하고, 3등신 난쟁이가 되기도 한다. 음식 사진이나 배경 사진, 상품 사진을 찍을 때는 주로 소품을 활용하게 되는데, 구도에 따라서는 주된 상품이 아니라 오히려 소품이 강조될 수도 있다. 그러므로 소품을 사용할 때는 더욱 세팅을 다양하게 해보면서 구도를 잡는 것이 좋다.

SNS는 기본적으로 정사각형의 형태로 사진이 업로드되기 때문에, 사진을 찍을 때부터 SNS에 업로드될 프레임을 염두에 두고 가로와 세로 구도를 구상해 찍어야 한다. 그리고 그 안에서 반드시 내가 홍보하고자 하는 주체에 포커스를 맞추어 찍어야 한다.

빛을 활용하라

촬영할 때 사람들이 많이 간과하는 것이 자연광이다. 촬영을 위해 조명까지 갖추었다면 물론 칭찬할 만한 자세이지만, 처음 시작하는 상황에서 조명과 카메라까지 모두 갖추는 것은 부담이 될 수도 있다. 또한 요즘은 휴대폰 카메라의 성능이 좋기 때문에 고가의 카메라나 조명이 없어도 휴대폰 카메라만으로도 충분히 높은 퀄리티의 사진을 만들어낼 수 있다.

노을이 지는 저녁 시간은 사람이나 풍경을 촬영하기에는 더없이 좋지만 음식이나 상품을 찍는다면 칙칙하게 나올 확률이 높다. 그러므로 음식이나 상품 사진은 아침이나 점심에 촬영하는 것을 추천한다. 만약 시간을 놓쳐 저녁이 되거나 사방이 막혀 빛이 없는 곳에서 촬영하게 되더라도 휴대폰의 플래시 기능은 사용하지 않아야 한다. 직접 찍어보면 알겠지만, 플래시를 터트려서 찍으면 음식은 더 맛없어 보이고 상품은 더 볼품없어지며, 인물도 더 못나 보이게 나온다. 주변이 너무 어둡다면 내 카메라의 플래시가 아니라 다른 사람의 휴대폰 플래시로 조명 역할을 해서 촬영하는 것이 좋다.

휴대폰으로 촬영한다면 기본 카메라로 촬영하라

요즘에는 분위기 있는 사진을 만들고자 각종 애플리케이션을 사용해서 촬영하는 경우가 많다. 하지만 우리는 이미지를 최대한 많이 수집해야 하고, 나중에 다른 용도로 사용할 수도 있으며, 선명한 화질의 사진이 필요하기 때문에 기본 카메라로 찍는 것을 권장한다. 만약 다른 느낌을 만들고 싶다면 기본 카메라로 찍은 사진을 앱으로 보정하여 더욱 다양한 느낌으로 업로드하면 된다.

앱을 활용해 찍은 사진을 컴퓨터로 옮겨서 보면 화질과 선명도가 떨어지는 것을 확인할 수 있다. 예를 들면 기본 카메라로 찍은 사진은 화장하지 않은 쌩얼이다. 그 쌩얼에 내가 필요에 따라 투명메이크업을 할 수도 있고, 신부 화장을 할 수도 있는 것이다. 이미 스모키 메이크업을 해놓은 사진은 수정이나 보정을 하기도 어렵고, 보정한다 해도 스모키 메이크업의 느낌을 지우기 어려워진다.

사진과 영상을 보정하고 싶다면?

예전에는 휴대폰에 있는 카메라는 사진을 찍는 것 외에는 큰 기능이 없었고, 찍은 사진의 화질도 좋지 못했으므로 휴대폰 카메라로 사진을 찍은 뒤 그것을 컴퓨터로 옮기고, 포토스케이프나 포토샵 등의 프로그램을 활용하여 보정을 거친 뒤에 싸이월드 등의 내 계정에 올리거나 다시 휴대폰에 옮겨 소장했다. 지금 생각해 보면 참 부지런했던 것 같다.

그러나 이제는 휴대폰에 내장된 카메라 기능도 전문 카메라 못지않게 화질이 좋고, 포토샵만큼 보정도 가능하다. 사진 보정 애플리케이션도 구글 플레이스토어나 애플스토어에 수없이 많은데, 그중 다음 몇 가지를 추천한다.

만약 음식 사진을 보정하고 싶다면 푸디(Foodie)를 추천한다. 이름에서도 느낄 수 있듯이 음식 전용 카메라 애플리케이션이라는 타이틀을 내걸고 라인(LINE)에서 출시되었다. 음식별로 특화된 24가지 필터를 통해 음식을 더욱 맛깔스럽게 표현할 수 있다. 케이크, 고기, 면, 과일 등 음식별 메뉴를 직관적으로 판단해서 사용할 수 있다.

제품이나 풍경 사진은 소다(SODA)나 베스코(VSCO)를 사용하면 다양한 필터로 원하는 느낌이나 분위기를 연출할 수 있다. 모먼트나 아날로그 시리즈 같은 유료 사진 앱도 다양한 기능을 갖고 있지만, 무료 앱들도 다양한 기능이 있으므로 꼭 유료 앱이 필요한 것은 아니다.

만약 영상을 촬영하여 편집하고 싶다면 캡컷(CapCut), 비타(VITA), 프리즘(PRISM) 등의 앱을 추천한다. 캡컷은 다양한 템플릿과 필터 효과를 넣을 수 있고 비타는 효과음이나 배경음악 자막을 넣을 수 있다. 영상을 편집하거나 다른 영상을 추가하여 삽입하고 싶다면 프리즘을 사용하여 영상을 더욱 풍부하게 편집할 수 있다. 또 이 애플리케이션들은 영상을 편집한 뒤에도 로고나 워터마크가 남지 않기 때문에 깨끗한 영상을 만들어 올릴 수 있다.

간단하지만 눈길 가는
피드 글쓰기

나의 팔로워들은 누구인가

블로그는 관리하기에 굉장히 까다로운 플랫폼이다. 콘텐츠를 보는 사람의 기준에 맞춰 지루하지 않게 사진과 글의 균형이 맞아야 하고, 동시에 노출이 잘 되려면 네이버의 알고리즘에도 맞추어야 한다. 너무 긴 글은 가독성을 떨어뜨리고, 너무 짧은 글은 알고리즘에 부합하지 않는다. 사진이 너무 적으면 노출 가능성이 떨어지고 다른 네티즌에게 흥미를 유발할 수 없다. 캡처한 사진보다는 직접 찍은 사진이 더 노출 확률이 높고, 노출을 원하는 키워드의 적당한 반복성까지 고려해야 한다.

그에 비해 인스타그램은 훨씬 접근성이 좋다. 콘텐츠에서 이미지에만 집중하면 절반은 성공했다고 볼 수 있으며, 이미지도 블로그처럼 최소 10장 이상으로 구성할 필요 없이 몇 장이면 된다. 그렇다고 피드 글을 성의 없게 쓰라는 이야기는 아니다. 잘 작성한 피드 글은 사진이 채울 수 없는 흥미를 충족시켜줄 수도 있기 때문이다.

그렇다면 눈길 가는 피드 글은 어떻게 써야 할까? 새로운 팔로워를 만드는 것도 중요하지만 현재 나의 팔로워들을 관찰하고 유지한다는 생각으로 작성해야 한다. 물론 우리가 쓰는 콘텐츠를 다수의 사람이 볼 수도 있겠지만, 누군지 알 수 없는 불특정 다수의 잠재 고객을 모두 만족시킬 수 있는 글을 쓰기는 어렵다. 그러나 그냥 지나칠 수 있는 내 계정으로 찾아와 팔로우한 사람이라면 분명 나의 잠재 고객이라고 볼 수 있다. 따라서 그들을 대상으로 이 사람들은 누구이며 무엇을 좋아하는지, 또 그 고객들 사이에서 지금 유행하고 있는 것은 무엇이며 그들은 어떤 언어를 쓰는지 등을 지속적으로 관찰해야 한다. 즉 나를 좋아해준 고객에게 그들이 좋아하는 콘텐츠로 응답함으로써 서로 사랑의 막대기를 그어 만나도록 해야 하는 것이다.

간단하게 어그로를 끌어보자

인스타그램을 보는 젊은 친구들의 손동작을 본 적이 있는가? 휴대폰을 쥐고 엄지손가락 또는 검지손가락으로 피드를 스윽스윽 넘긴다. 그리고 그중 눈길이 가는 피드가 있으면 3~5초 정도 시선을 둔다. 그리고 다시 스윽스윽이 시작된다.

인스타그램을 보면서 심각한 톤으로 다가가는 사람은 없으며 대부분 빠르게 피드를 넘긴다. 재미없게 줄줄이 늘어놓은 구체적인 서사는 눈길을 사로잡을 수 없으므로, 군이 필요하지 않은 장문의 부가 설명은 생략하는 것이 좋다.

빠르게 넘겨지는 피드에서 찰나에 눈길을 잡아끌기 위해서는 중요하게 생각하는 단어나 전달하고자 하는 메시지를 앞부분에 넣어야 한다. 인스타그램에서 긴 글을 작성하면 앞부분만 보이고 뒷부분은 생략되어 해당 부분을 터치해야만 전체를 볼 수 있다. 물론 터치하지 않아도 전체를 볼 수 있도록 짧은 메시지를 전달할 수도 있겠지만 스토리를 담은 내용이나 이벤트 홍보, 설명할 것이 많은 이미지를 업로드할 경우도 있을 것이다. 이때 내 글을 터치해서 나머지까지 보게 하기 위해서는 앞부분에 포인트를 넣어야 한다.

만약 이벤트 진행에 대한 게시글을 올린다면 "이벤트 진행합니다"보다는 "이벤트 상품, 무리해서 준비해봤습니다!"라는 식으로 작성하여 "대체 어떤 상품을 주길래 무리했다는 거지?"라는 생각을 하도록 해서 클릭을 유도하는 것이 좋다.

만약 우리 제품에 대해 설명하고 싶다면 "새롭게 출시한 저희 핸드크림입니다. 우리 상품은…"이라는 설명보다는 "핸드크림, 얼굴에 발라도 될까?" 또는 "핸드크림을 언제부터 사용했는지 아시나요?"와 같이 호기심을 자극하는 문장으로 클릭을 유도할 수 있다.

요즘 사람들이 쓰는 말 중 '어그로(Aggro)'라는 말이 있다. 본래는 폭력행위라는 뜻으로 게임에서 상대방을 도발해서 적개심을 갖게 하고 전투를 하는 전략의 의미로 사용되었는데, 현재는 관심을 끌기 위해 온라인에 자극적인 내용을 올린다는 의미로 넓게 통용되고 있다. 좋은 의미의 단어는 아니지만 약간의 어그로를 통해 클릭을 유도하는 것도 팔로워를 늘리는 방법 중 하나가 될 수 있다. 따라서 피드 글을 쓸 때는 간단히 요약해서 짧게 쓰되 사람들이 흥미로워하는 것이 무엇인지, 어떤 말을 넣어야 클릭할 것인지 고민하고, 그 내용을 앞부분에 배치하여 눈길을 사로잡도록 한다.

▌ 업로드 후, 그때부터가 시작이다!

멋진 사진을 찍고, 그것을 보정하고, 전달하려는 내용을 요약하여 게시글을 업로드한다. 이것이 인스타그램 관리의 큰 맥락이다. 하지만 피드 글을 업로드하는 것으로 끝이 아니다. 우리는 홍보하고자 하는 고객을 찾아 팔로우하며 맞팔을 요청하기도 하고, 내가 팔로우한 고객들의 게시물에 '좋아요'를 누르며 관심을 표해야 한다. 이 모든 것이 인스타그램 관리의 일환이다. 그래야 나의 글에도 내 팔로워들이 관심을 보이고, 내 글이 더 노출될 수 있다.

인스타그램 역시 블로그와 마찬가지로 게시글이 노출되는 알고리즘이 있다고 앞에서 설명했다. 그리고 그 알고리즘에는 여러 가지 요소들이 적용된다. 그중 하나가 나의 게시물에 대한 관심도이다.

인스타그램의 노출 알고리즘에 올라타려면 게시글을 올린 뒤

빠른 시간 안에 '좋아요', 댓글 등의 콘텐츠 반응을 확보해야 한다. 짧은 시간 안에 많은 반응을 이끌어낸 콘텐츠는 인기 게시물에 노출될 수 있는 확률이 높다.

나를 팔로우한 사람들이 좋아할 만한 콘텐츠를 만들도록 강조하는 이유도 그 때문이다. 인스타그램을 즐겨 사용하는 사람들은 나름의 원칙을 갖고 있는데, 팔로워가 매우 많은 계정이나 자신이 좋아하는 계정의 글을 볼 때는 약간의 흥미만 느껴져도 '좋아요'를 누르지만, 나를 팔로우하지 않은 개인 계정이나 팔로워가 많지 않은 계정에는 여간 흥미를 느끼지 않으면 '좋아요'를 쉽게 누르지 않는 경향이 있다. 물론 모두에게 적용되는 것은 아니다.

한편 '좋아요'를 의무적으로 줄 때도 있다. 이는 나에게 먼저 '좋아요'를 준 계정에 대한 보답이다. 팔로우 역시 그렇다. 나를 먼저 팔로우한 사람이 맞팔을 원한다면 기꺼이 해준다. 그러므로 이런 특성을 잘 활용하여 팔로우를 늘리고, 내 팔로워들이 좋아하는 콘텐츠를 만들어라. 하루에 하나씩 올리는 것이 좋지만, 힘들다면 최소 1주에 3개 이상은 업로드하는 것을 권한다.

이렇게 나의 계정이 꾸준히 관리됨을 알리며 팔로워들과 '좋아요'와 댓글로 소통하고, 또 그들이 좋아하는 콘텐츠를 통해 빠른 시간 안에 많은 반응을 이끌어낸다면 우리가 원하는 성장에 생각보다 더 빠르게 노달할 수도 있다.

이 정도는 기본, 인스타그램 용어 정리

- 피드: 인스타그램 메인 화면에 업로드된 글들을 보여주는 페이지

- 팔로우: 다른 사람의 페이지를 구독하는 것

- 팔로잉: 팔로우하고 있는 상태

- 팔로워: 나의 페이지를 구독하고 있는 사람

- 선팔: 먼저 팔로우하는 것

- 맞팔: 나를 팔로우해준 상대방을 똑같이 팔로우해 주는 것

- 언팔(언팔로우): 팔로우를 취소하는 것

- 인친: 인스타그램 친구(페이스북 친구: 페친/블로그 친구: 이웃)

- DM(디엠): Direct Mesage, 인스타그램에서 사용하는 쪽지

- 셀카: 나 스스로를 찍은 나의 사진

- 셀피: 누군가가 나를 찍어준 나의 사진

- K/M: 인스타그램 내의 팔로워를 세는 단위(1K=천=1,000명 / 1M=백
만=1,000,000명)

- 스토리: 24시간만 노출되는 스폿
성 게시글

- 하이라이트: 인스타그램 프로필
하단, 게시글 상단에 고정되어 보
이는 게시글

- 릴스: 틱톡과 유사한 30초 내의 숏
폼 영상

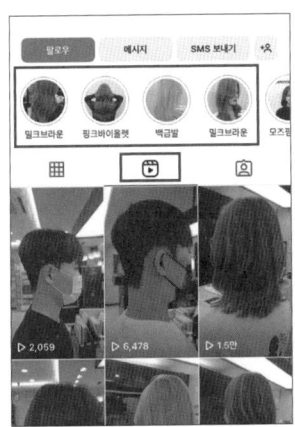

하이라이트(위)와 릴스(아래)
출처: @kerker_c.sh

팔로워 늘리는
태그 만들기

해시태그 고르는 방법

인스타그램에서 가장 중요한 것은 콘텐츠이지만 그에 못지않게 중요한 것이 바로 해시태그다. 지금은 해시태그 없는 SNS는 상상도 할 수 없을 정도로 SNS의 모든 콘텐츠에는 해시태그가 붙어 있다. SNS를 통해 무언가를 검색하거나 찾아볼 때도 해시태그 검색을 통해 하고, 관련 해시태그가 붙은 콘텐츠를 보며 많은 시간을 소비한다. 이제 해시태그는 SNS 콘텐츠의 핵심이자 정체성이라고 보아도 될 것이다.

인스타그램 계정이 음식점이고 콘텐츠가 음식이라면 해시태그는 간판이자 마케팅이다. 한번 맛보면 잊을 수 없는 맛집이라 하더라도 그 음식점이 어디에 있고, 무엇을 얼마에 파는지 등의 정보가 없거나 그 정보가 고객들에게 보여지지 않는다면 누구도 찾아가지 않는다. 아니, 찾아갈 수가 없다. 이때 해시태그가 사람들에게 "나 여기 있어요"라고 알리는 수단인 것이다. 해시태그를 통해 새로운 팔로워들이 유입될 수 있으므로, 잘 활용하면 톡톡히 효과를 볼 수 있다.

초반에는 어떤 해시태그가 좋은 해시태그이며 어떤 것들을 사용해야 하는지 잘 모를 수 있다. 2015년에 내가 인스타그램을 처음 시작했을 때는 나 역시 해시태그 사용법을 잘 몰라 그저 내가 좋아하는 말을 무조건 많이 꽉꽉 채워 넣었다. 이를테면 수영장에서 찍은 사진을 올리며 #수영장, #너무좋아, #물이차가워, #따스한햇살 등 누가 검색해 보지도 않을 쓸모없는 해시태그를 태그랍시고 붙였던 것이다.

만약 지금 같은 사진을 올린다면 사람들이 검색해볼 만한 수영장의 이름이나 위치 정보, 근처의 명소나 가볼 만한 곳을 해시태그로 넣을 것이다. 그것이 수영장을 찾는 사람들이 검색해볼 만한 단어이고, 그 해시태그를 통해 관련 콘텐츠인 내 콘텐츠를 클릭해볼 확률이 높기 때문이다. 그리고 추가로 #선팔맞팔, #선팔하면맞팔 등으로 선팔을 유도하고, 맞팔을 하여 인친을 맺을 수 있는 태그도 넣을 것이다.

물론 그때와는 달리 이제는 선팔, 맞팔 등의 해시태그는 사용하는 사람이 너무 많기 때문에, 그것으로 내 계정이 노출되거나 유입되는 양이 늘 확률은 현저히 적다. 그렇기에 지금은 이런 추가 해시태그는 직접 적어넣기보다 이 해시태그를 넣은 사람을 찾아가

선팔하거나 검색하는 용도로 사용하는 것을 더 추천한다.

그렇다면 사람들이 많이 검색해볼 만한 태그는 어떻게 찾을 수 있을까? 우선 인스타그램 자체 내에서 태그를 검색해 보거나 게시물을 통해서도 알 수 있고, 네이버 검색광고 사이트를 통해서도 찾아볼 수 있다. 키워드 검색광고로 사람들이 검색해볼 만한 키워드를 찾는 방법은 5장을 참고하기 바란다. 또한 게시물이 너무 많아 내 게시물이 노출될 가능성이 없는, 지나치게 경쟁이 치열한 해시태그는 피하는 것이 좋다.

사람들이 검색할 만한 해시태그를 선별하는 것, 그리고 해시태그 안에서 내 게시물이 빠르게 밀리지 않을 만한 게시물 개수를 갖고 있는 해시태그를 선별하여 적절히 사용하도록 한다.

나만의 것 만들기

앞 장에서 스타벅스가 불매운동까지 이어질 수 있는 위기가 닥쳤을 때 '#레드컵이벤트'를 통해 전화위복이 된 일화를 이야기했다. 이렇게 해시태그는 이벤트를 통해 퍼지기도 하는데, 해시태그가 꼭 브랜드를 대표하는 단어나 사람들이 검색할 만한 것으로만 구성될 필요는 없다. 또 모두가 검색할 만한 해시태그 외에도 나의 매장, 나의 가게만의 해시태그를 하나 만드는 것도 좋다. 우리 매장을 설명할 수 있는 한 가지 말을 만들어 지속적으로 사용해도 좋고, 내가 생각하는 우리 매장의 슬로건을 해시태그로 활용하며 브랜딩의 방편으로 사용해 보는 것도 좋다.

　2016년 P&G의 여성용품 브랜드 위스퍼는 '#여자답게'라는 해시태그로 많은 사람들의 반응을 이끌어냈다. '여자답게'라는 표현은 이전까지는 여성을 수동적인 모습으로 그리고, 행동을 제한하는 표현으로 사용되었다. '여자답게 조신해야지', '여자답게 요리도 할 줄 알아야지' 등, 남자와 다른 여자의 역할을 구분하고 틀에 가두는 말로 사용되었는데, 위스퍼는 이 단어를 여자들이 한계를 넘어설 수 있다는 표현으로 탈바꿈시켰다. 운동을 하거나 춤을 추는 등 활동적인 여성의 모습을 보여주며 '#여자답게 멈추지 마'라는 슬로건으로 당당한 주체로 거듭나는 여성상을 제시했다. '여자답게'라는 말을 '너답게'라는 말로 해석한 것이다. 이 말은 브랜드와는 전혀 관련 없는 일상용어이지만 이렇게 새로운 의미를 부여해서 그 브랜드만의 해시태그로 만들 수도 있다.

　물론 우리는 이런 대기업처럼 일상용어를 해시태그로 바꾸어 유행을 만들어낼 저력은 아직 갖고 있지 않지만, 우리 자신을 표현하는 해시태그를 만들고 정할 수 있다.

　내 브랜드를 소개하고 고객에게 내 매장의 이미지를 심을 수 있는 해시태그를 만들어보자. 그리고 내 계정의 모든 피드에 사용해보자. 그것이 쌓여 나의 브랜딩이 될 것이다.

인스타그램에 넣을 수 있는 해시태그의 최대 개수는 30개이다. 그러나 30개를 모두 채울 필요는 없으며, 많이 넣는 것은 오히려 좋지 않은 영향을 끼친다. 해시태그를 많이 넣는 것이 좋다면 굳이 해시태그를 선별할 필요도 없다.

해시태그를 너무 많이 넣으면 복잡하고 자신 없어 보일 수 있다. 30개의 해시태그가 꽉 들어찬 게시물은 무엇 하나 자신 있는 것 없이 한식, 중식, 일식 등 모든 음식을 다 파는 음식점과 같이 느껴진다. 전문성이 떨어지는 느낌을 주어 좋지 않다는 것이다.

또 인스타그램의 알고리즘에도 부정적인 영향을 준다. 해시태그를 너무 많이 넣거나 매번 같은 해시태그를 반복다면 섀도우밴에 걸릴 확률이 높다.

섀도우밴이란 블로그의 '저품질'과 같은 의미로, 내가 태그한 해시태그 검색 시 인기 게시물이나 최근 게시물 영역에 콘텐츠가 노출되지 않는 현상을 말한다. 욕설, 음란성, 폭력성이 있는 해시태그를 사용하거나 반복적인 해시태그를 지속적으로 사용하면 스팸 게시물로 분류되어 섀도우밴에 걸릴 수도 있는데, 이렇게 섀도우밴에 걸리면 보름에서 한 달가량 내가 발행한 콘텐츠가 사용자에게 알림 없이 숨겨지거나 보이지 않을 수 있다. 그러므로 반복적인 해시태그들을 넣고 싶다면 순서를 바꾸거나 때에 따라서는 1~2개를 빼거나 넣는 등 조금씩은 변화를 주어야 한다.

그럼에도 뜻하지 않게 섀도우밴에 걸렸다면 빠르게 대처해야 한다. 의심스러운 게시물을 삭제하고, 인스타그램 고객센터에 해시태그 누락 문제를 신고해놓도록 하자. 그리고 일주일에서 보름 정도 아무것도 업로드하지 말고 계정의 휴식기를 갖는 것도 좋다.

잘 늘던 팔로우가 늘지 않는다면 섀도우밴에 걸렸을 확률이 있다. 확인해 보려면 나만 알아볼 수 있는 해시태그를 포함해서 게시글을 올린 뒤 검색을 해본다거나, 인터넷에 섀도우밴 확인 사이트를 검색해 들어가 내 계정의 주소를 넣어서 확인해볼 수 있다.

초반의 노동은 반드시 필요하다

인스타그램 계정이 음식점이고 콘텐츠가 음식이라면 해시태그는 간판이자 마케팅이라고 했다. 그러나 해시태그만 넣고는 모든 마케팅이 끝났다고 생각하여 넋 놓고 있어서는 안 된다. 팔로워도 없고 게시물도 많지 않은 신생 계정은 해시태그를 잘 넣어도 노출이 미미하기 때문에, 팔로워를 만들고 키워가는 초반 과정은 내가 직접 해야만 한다.

그 첫 번째로는 앞서 말한 것처럼 사람들에게 먼저 찾아가 손을 내미는 것이다.

#선팔맞팔, #선팔하면맞팔, #선팔하면맞팔가요, #맞팔해요, #맞팔환영 등 인스타그램 계정을 키우고 팔로워를 늘리기 위해 이런 태그를 사용하는 사람들이 많다. 그들을 찾아가서 그들이 원하는 바에 기꺼이 응해주자. 선팔을 하고, '좋아요'를 누르고, "새로 오픈

한 ○○입니다. 선팔 왔어요. 맞팔 부탁해요! ^^" 등의 글로 그들을 내 계정으로 이끌도록 한다. 그러나 팔로워가 너무 많은 계정은 나의 팔로우나 댓글에 관심이 없을 수도 있기에 걸러도 좋으며, 활발히 활동하지 않는 계정 역시 피해도 무방하다.

하루에 최소 30명 이상 팔로우하고, 이미 팔로우가 된 계정들이 새로운 게시물을 업로드하여 나의 피드에 올라온다면 '좋아요'를 꾸준히 눌러주며 지속적인 관심을 표현하는 것이 좋다.

어느 정도의 팔로우를 보유한 소상공인의 계정 대부분은 처음에 모두 이렇게 시작했다. 그리고 팔로워 수가 늘고, 콘텐츠가 쌓이고, 사람들이 콘텐츠에 반응하기 시작하면 콘텐츠에 더욱 집중하고 이미 있는 팔로워들을 관리하기만 해도 된다. 하지만 처음에는 콘텐츠를 올리고 나서 팔로워를 기다리기만 해서는 안 된다. 신장개업한 헬스장에서 트레이너들이 직접 전단을 돌리며 모객하듯, 우리도 인스타그램 안에서 우리를 알리고 모객을 하며 팔로워들을 모아야 한다.

어떤 일이든 초반의 노동은 반드시 필요하다. 그리고 이 초반의 노동은 결코 헛되지 않은 노력이다. 하는 만큼 팔로워가 늘어갈 것이고, 분명 그에 따른 보상이 주어질 것이다.

참고할 만한
사이트 모음

홈페이지 사이트

내 업종이 음식점이라면 굳이 홈페이지를 제작하지 않아도 좋다. 네이버 플레이스에 등록하여 그 페이지를 홈페이지처럼 활용해도 무방하다. 그러나 홈페이지를 만들어 마케팅 요소로 활용하고 싶다면 네이버 모두사이트(www.modoo.at)를 통하여 홈페이지를 손쉽게 만들 수 있다. 또 다음의 사이트들을 활용하여 직접 홈페이지를 제작할 수도 있다. 사람마다 관점이 다르고 컴퓨터로 할 수 있는 일의 기준도 다르기 때문에, 사이트에 들어가서 직접 몇 가지 기능을 사용해 보거나 후기를 충분히 검색하여 나와 맞는 플랫폼으로 홈페이지를 제작하면 된다.

특히 쇼핑몰의 경우에는 사이트 제작이 필수인데, 다음의 사이트들은 모두 디자이너들과 연계하여 의뢰할 수 있는 시스템이 있기 때문에 직접 만들다가 어렵게 느껴진다면 전문가에게 의뢰해도 된다.

다음은 홈페이지를 만들 수 있는 대표적인 사이트들이다.

- 모두(modoo.at): 네이버에서 제공하는 무료 홈페이지 제작 툴로서, 컴퓨터를 잘 다루지 못하는 사람도 손쉽게 홈페이지를 만들 수 있다.
- 윅스(Wix.com): 예시 템플릿이 많으며 PPTX 방식이라 초보도 디자인을 꾸미기가 쉽다. 해외 서비스여서 국내 카드는 결제가 어려우며 고객센터 소통이 어렵다.
- 아임웹(imweb.me): 네이버, 구글 포털사이트 및 결제 서비스 연계가 잘 되어 있으나 예시 템플릿이 많지 않다.
- 큐브(quv.kr): 디자인 기능이 다양하고 고객센터 응대가 친절하나 결제 기능이 없다. 단순 소개용 홈페이지를 만들기에는 좋다.
- 워드프레스(ko.wordpress.org): 스킨이 다양하고 홈페이지의 기능을 거의 다 구현할 수 있으나 전문가가 아니면 다루기 어렵다.
- 카페24(cafe24.com): 쇼핑몰 구축에 최적화된 플랫폼으로, 마케팅 연계가 잘 되어 있다.
- 고도몰(nhn-commerce.com/godomall): 카테고리별 스킨이 많고 로고 제작, 마케팅 등 다양한 부가서비스들이 있다.

284

- CGImall(cgimall.co.kr): 저렴한 금액으로 홈페이지 제작을 의
  뢰할 수 있다.

디자인 사이트

사진만으로 인스타그램 계정을 풍부하게 만들기는 어렵다. 가끔
은 카드 뉴스나 전단지 등 디자인이 들어간 이미지를 업로드하여
눈길을 끄는 게시물을 만들기 바란다. 아래의 사이트를 활용해 손
쉽게 디자인된 이미지들을 만들 수 있다. 이들 사이트에는 기본적
인 템플릿이 제공되기 때문에 템플릿에서 글씨만 바꾸어도 멋진
디자인 이미지를 만들 수 있다.

- Recovebg(www.remove.bg/ko): 사진에서 배경을 쉽게 없앨 수
  있다.
- 플레이스 잇(Placeit.net): 다양한 사물에 내가 원하는 이미지를
  합성할 수 있다.
- 망고보드(mangoboard.net): 기본적인 템플릿을 제공해 주며 전
  단지, 카드뉴스, 유튜브 썸네일이나 채널아트 등 다양한 디자
  인을 직접 만들 수 있는 플랫폼이다.
- 미리캔버스(miricanvas.com): 망고보드와 같은 기능을 갖고 있
  으나 무료로 사용할 수 있다.
- 픽사베이(pixabay.com): 출처를 밝히지 않아도 되며 상업적으

로 사용할 수 있는 이미지를 제공하는 사이트이다. 사진의 양이 방대하고 고해상도 이미지도 무료로 제공한다.

- 클립아트코리아(clipartkorea.co.kr): 다양한 이미지들을 사용할 수 있으며, PPT나 PSD 등 다양한 형식의 파일로 제공한다.
- PNGEgg(pngegg.com): 고품질 png 이미지(배경이 없는 이미지)를 무료로 다운로드 받을 수 있다.
- 핀터레스트(pinterest.co.kr): 다양한 이미지와 아이디어를 볼 수 있다.

아웃소싱 사이트

사진 촬영, 이미지 작업 등을 직접 하기 어렵다면 맡길 수 있는 사람을 찾아 외주를 주는 것도 방법이다. 광고회사를 접촉하여 진행하면 체계적으로 관리받을 수 있겠지만 SNS 관리에서 이미지나 영상만 따로 의뢰를 받는 곳은 드물기 때문에, 비용이 부담스러울 수도 있다. 한두 건만 의뢰하고 싶다거나 저렴한 비용으로 맡기고 싶다면 개인 프리랜서들과 거래하는 것도 나쁘지 않다.

현재 프리랜서들이 왕성하게 활동하고 있는 아웃소싱 사이트들은 다음과 같다.

- 라우드소싱(loud.kr): 로고, 명함, 제품 패키지, 캐릭터 등 전문적인 디자인을 의뢰할 수 있다.

- 크몽(kmong.com): 현재 한국 최대 규모의 프리랜서 마켓. 누적 회원수 100만 명 이상, 누적 거래수 150만 건 이상이다.
- 재능넷(jaenung.net): 2013년부터 운영을 시작한 재능마켓 플랫폼으로 오래된 만큼 긴 경력을 가진 프리랜서들이 많다.
- 오투잡(otwojob.com): 구인구직 사이트 '사람인'에서 운영하는 재능 오픈마켓으로, 디자이너, 번역, 개발, 마케팅 등 다양한 분야의 프리랜서가 포진되어 있다.
- 재능아지트(skillagit.com): 홈페이지 제작부터 디자인, 마케팅, 생활대행 상담까지 다양한 프리랜서들이 많다.
- 숨고(soomgo.com): 강의, 레슨이나 자기계발과 관련된 프리랜서들이 많다.

SNS 관련 정보 사이트

SNS를 관리하다 보면 내 계정이 어느 정도의 수준으로 올라왔는지 확인하고 싶을 때가 있다. 또 현재 SNS상에서 유명한 인플루언서들은 누가 있으며 그들이 보유한 팔로워들은 몇 명인지 궁금하기도 할 것이다. 추후 인플루언서 마케팅을 할 때에도 광고회사가 주는 인사이트가 정확한지 확인할 수 있는 정보 사이트들이 있으니 한 번쯤 들어가보기 바란다.

- 크리에이터 스튜디오(business.facebook.com>creatorstudio): 유

튜브 인스타그램 인사이트를 볼 수 있으며 인스타그램 예약 발행이 가능하다.

- 녹스인플루언서(kr.noxinfluencer.com): 유튜버, 틱톡커, 인스타 그래머 등 인기 인플루언서들의 순위, 채널 예상 수입, 영상 분석, 시청자 분석 등을 볼 수 있다.
- 유하(youha.info): 유튜버 광고 단가, 조회수 등 인사이트 확인이 가능하다. 55,000개의 유튜버 채널이 등록되어 있다.
- 블랙키위(blackkiwi.net): 관심 키워드의 검색 시간대 및 키워드의 성향과 특징을 분석할 수 있다.

인스타그램 활용을 돕는 애플리케이션

휴대폰이나 컴퓨터를 사용할 수 있다면 인스타그램에서 이미지를 업로드하고 글을 쓰는 것은 매우 간단하다. 그러나 인스타그램만을 타깃으로 만들어진 다양한 앱들을 활용하면 내 계정을 더욱 풍부하고 흥미롭게 만들 수 있을 것이다.

- 인스타그램 공백닷컴: 줄 바꾸기, 공백문자, 이모지, 짤 생성하기 등 인스타그램에서 활용할 수 있는 다양한 기능들이 있다.
- Grid Post: 한 장의 이미지를 여러 개로 잘라서 인스타그램 계정을 풍부하게 꾸밀 수 있다.
- 해시태그 노트: 간편하게 태그를 복사하고 붙여넣기 할 수

있다.

- 태그야 놀자: SNS 인시 해시태그 카테고리별 확인 가능, 인기 태그 자동 태그 달기 기능이 있다.
- Repost: 리그램(다른 사람이 올린 피드 게시물을 내 피드로 올리는 것)을 할 수 있다. 인스타그램에서는 자체적으로 리그램 기능을 제공하지 않기 때문에 유용하다.

고객을 사로잡는
마케팅 전략

라이프스타일로 마케팅하다

이상구 지음 | 15,000원

언제까지 물건만 팔 것인가?
라이프스타일을 판매할 때 고객이 열광한다!

4시간을 줄 서서 마시는 블루보틀 성수 카페, 전 세계에 홈퍼니싱을 이끈 이케아, 미니멀라이프 열풍을 일으킨 무인양품, 책이 아닌 경험을 파는 츠타야 서점. 이들의 공통점은 소비자들이 열광하는 브랜드라는 것이다. 남들과 차별화된 일상은 다른 사람들에게 자랑하고 싶은 이색적인 트렌드로 작용한다. 그렇기 때문에 라이프스타일 기획과 마케팅은 경험을 중요하게 여기는 요즘 시대 소비자들의 마음을 끌어당긴다. 저자는 라이프스타일 기획이 어떻게 고객을 팬으로 만들 수 있는지 그리고 다가오는 미래에 어떤 라이프스타일이 가치 있는지 알려준다.

SNS 스타로
만드는
실전 노하우

내 가게를 살리는 30분의 기적

이혁 지음 | 15,000원

"잘되는 가게와 안 되는 가게의 차이는 무엇일까?"
하루 30분 투자에 승부를 걸어라!

이 책은 하루 단 30분 투자로 매출을 10배 올리는 비결, 대박 가게의 사장이 되는 노하우를 알려준다. 최신 검색어 트렌드를 이용해 전략적으로 SNS에 홍보하는 법부터 인스타그램에 사진이 올라가게 유도하는 법, SNS를 활용해 의도적인 입소문을 내는 방법까지 고루 담아 소개했다. 카카오톡채널로 고객과 소통하는 법과 페이스북, 인스타그램 계정을 만들어 홍보하는 성공 비법도 실었다. 당신의 스마트폰 사용 시간에서 하루 30분만 떼어내 홍보 활동에 쓰자. 어제와는 다른 오늘, 오늘과는 다른 내일의 매출 실적을 만나게 될 것이다.

인플루언서 마케팅 A to Z

황봄님 지음 | 16,000원

**소비자가 신뢰하는 한 사람의 영향력으로,
저투자 고수익을 얻을 수 있는 인플루언서 마케팅**

인플루언서와 함께 일하는 기업들이 늘어나면서, 자연스럽게 '인플루언서 마케팅'이 주목받고 있다. 이 책은 인플루언서 마케팅에 대해 소개하면서, 인플루언서가 가지고 있는 영향력부터 실제 인플루언서와 어떻게 함께 일해야 하는지, 제품별 전략은 무엇인지 상세히 알려준다. 특히 현장에서 경험한 내용을 토대로 작성한 실전 노하우들은 국내 최신 사례를 반영하고 있으므로 실제 마케팅 전략을 세우는 데 큰 도움이 될 것이다.

트렌드를 읽는
마케터의 필독서

왜 당신만 못 파는가

김선진 지음 | 13,800원

**3개월 만에 완성하는
저비용 고효율 온라인 마케팅 전략**

불황에도 팔리는 건 팔린다. 지금 어딘가에서도 밤을 지새우며 인기 제품은 고객에게 배송되고 있다. 기능이나 품질을 내 제품과 견주어봐도 손색이 없는데 왜 고객의 선택을 받지 못할까? 저자는 제품을 너무 잘 아는 판매자가 제품에만 초점을 맞춰 마케팅을 진행하기 때문이라고 말한다. 마케팅의 시작은 고객이다. 제품을 사는 고객에 초점을 맞춰 마케팅 시스템을 재점검해야 한다. 그러면 돌파구가 보일 것이다. 마케팅을 해야 하는데 어떻게 시작해야 할지 막막하다면 이 책에서 해결법을 찾을 수 있을 것이다.

고객 중심 사고
마케팅 시스템

무료 컨설팅 지원 쿠폰

강의 및 컨설팅

COUPON

마케팅 무료 강의 및 무료 컨설팅 1회 제공
(10개 업체 한정)

문의 :
전화 010-9516-5599
이메일 goodday_ad@naver.com

(중복 사용 불가)

홍보영상 제작

COUPON

영상 제작 50% 할인 제공
(20개 업체 한정)

문의 :
전화 010-9516-5599
이메일 goodday_ad@naver.com

(중복 사용 불가)

브랜드 채널 관리

COUPON

채널 관리 30% 할인 제공
(40개 업체 한정)

문의 :
전화 010-9516-5599
이메일 goodday_ad@naver.com

(중복 사용 불가)